人の倍稼ぐフリーランス 46の心得

上阪徹
Uesaka Toru

草思社

はじめに

なし崩し的にフリーランスに

28歳でフリーランスになって26年。本をたくさん出していたり、講演の機会が多いこともあって、ときどきメディアの取材を受けた際に、よくいただくのが、この質問です。

「やっぱり、最初からフリーランスになろうと思っていたんですよね？」

その答えは「はっきりノー」です。私はフリーランスになるなんて、夢にも思っていませんでした。就職したときも、転職したときも、フリーランスという選択肢は私の中にまったくありませんでした。

かつて私は、求人広告のコピーライターを務めていた会社から、ベンチャー企業に転職しました。ところが、そのベンチャーがわずか3カ月で倒産、私は失業者になってしまいました。2度目の転職だったこともあってショックは大きく、もう次の会社を見つける気力は湧きません。そのまま私は、なし崩し的にフリーランスになったのでした。当時28歳のことです。

もとより私の中でのフリーランスのイメージは、決して良いものではありませんでした。食べていけるだけの稼ぎは得られるのか。収入が不安定なのではないか。クレジットカードも作れなくなるのではないか。社会的な信用がなく、家も買えないのではないか。結婚するときも相手の両親に認めてもらえないのではないか……。20年以上前の当時は、今以上にこういった印象が強かったのです。

ところがフリーランスになって驚きました。わずか数年で会社員時代の3倍、4倍の収入が稼げるようになりました。その後も収入は上がり続け、気づけば、いつかこんなところに住んでみたい、と思っていた家に住み、いつかこんな車に乗ってみたい、と憧れていた車に乗っている自分がいました。

フリーランスになって3年目。父親が病気で倒れてしまい、私は東京の家はそのままに、兵庫の実家に戻りました。自分の部屋に電話線を引き、4カ月にわたって故郷で広告制作の仕事をしながら父親を介護し、最後は看取ることができました。これには父も母も喜んでくれました。もし会社勤めをしていたら、こんなことは絶対にできなかったでしょう。

やがて結婚しましたが、義父母は私の仕事を心から応援してくれています。そして子どもができたことをきっかけに、東京・世田谷の成城に引っ越しました。その後、同じ成城内で2度引っ越し、今は4LDKの分譲マンションの一室を事務所にして仕事をしています。一人娘は高校生になりました。

組織のストレスから開放され、仕事キャリアが次々拡大

この20年、1年を除き年間の収入が2000万円を下回ったことはありません（2002年のみ2000万円弱）。だいたい3000万円前後。多いときには5000万円を超えたこともあります。

しかし、私にとって稼げること以上にフリーランスがありがたかったのは、精神的な心地良さでした。組織に属しているがゆえの精神的なストレスがまったくなくなったのです。

会社員時代は不満だらけでした。2度目の就職先はリクルートの制作専門の子会社で、ここで求人広告のコピーライターを務めていたのですが、この会社は、裁量労働制で残業代が出ませんでした。年収は300万円ほど。個人で売り上げ目標があり、猛烈に忙しいのですが、いくら働いても給料はわずかな定期昇給だけで大きくは増えない。不満からよく愚痴をこぼし、会社や上司にも楯突《たて》いていました。

ところが、フリーランスになったら、すべてが自分の責任です。仮にうまくいかなかったとしても、誰のせいにもできない。私にはこれが心地良いことでした。もう自分でコントロールできないことについて嘆くことはないのです。精神衛生上、とてもラクチンでした。

自宅を仕事場にすれば、通勤もなくなります。大嫌いなラッシュの電車に揉《も》まれることもない。もともと朝が苦手なのですが、フリーランスには出社時間という概念はありません。午前のアポイントがなければ、ゆっくり寝ていても誰に叱られるわけでもないのです。

家族とは、ほとんど毎日、一緒に夕食を囲んでいます。もともと私は仕事関係者と飲みに行ったりすることはほとんどなく、あったとしても月に数回程度です。

深夜まで仕事をすることはありませんし、徹夜は絶対にしません。土日、祝日も基本的に休みます。週末はランニングをし、のんびりと過ごす。２カ月に1度くらいは温泉地にも行き、年に数回はハワイなど海外旅行にも出かけてきました。

そしてフリーになってから、仕事も予期せぬキャリアチェンジが進むことになりました。求人広告のコピーライターから、著名人にインタビューをする仕事へ。さらには経営者などの書籍を本人に代わって書く「ブックライター」の仕事をするようにもなり（この職業名は実は私が命名しました。本の印税を著者とおおよそ折半する仕組みです）、さらには自分の本まで出している自分がいました。これまでブックライターとして携わった本は１００冊を超え、私が著者として書いた本は今回で43冊目になります。

今では記事を書いたり、本を書いたりする仕事の他に、講演やセミナーの仕事も増えました。本を作るノウハウを教える私塾「上阪徹のブックライター塾」も年に一度、開き、8年目になりました。こんなことはフリーランスになる前も後も、まったく想定しないことでした。

この26年間、仕事が途切れたことは一度もありません。それどころかずっと忙しい日々を送らせてもらっています。

コロナ禍でわかった「フリーランス」の魅力と可能性

最近とみに、フリーランスという働き方に興味を持つ人は増えている印象を持っています。年功序列や終身雇用が崩れ、かつてのように一度、就職すれば定年まで安泰、などという会社はほとんどなくなっているからです。

たとえ会社に居続けられたとしても、役職定年になり、かつての部下の下で不本意な日々を送らなければならなくなるかもしれません。収入も大幅に下がってしまう。しかも、いつまでもはいられない。高齢化、長寿が進む中、「老後にすることがなくなってしまう」という不安も潜んでいます。

実際、このまま会社にいても未来はない、と安定した職場を自ら離れ、独立や起業をしたり、ベンチャーに転身していく40、50代も少なくありません。定年のない働き方、ずっと生きがいを持って仕事ができる環境への関心は大きく高まっているのです。

2020年春、新型コロナウイルスが日本を襲い、今なお感染は収束していません。毎月の収入が保証されないフリーランスは、さぞや大きな影響を受けたのでは、と思われるかもしれませんが、実は早いタイミングで元の忙しい毎日に戻っていきました。

コロナのリスクは、フリーランスだけにあったわけではありません。それこそ大きな会社の正社員とて、安泰というわけにはいかないこともわかりました。問われているのは、大手企業か否か、社員かどうかではなく、必要とされるかどうか、に尽きます。

むしろコロナは、必要とされる仕事をあぶり出したのではないでしょうか。リモートワークの拡大によって、とりあえず会社に来ればいい、という働き方は通用しなくなったからです。本当に必要な仕事、本当に必要な人材が見えてしまったのです。

だから、逆に自分の仕事に自信を持った、という人もたくさんいると思います。会社と距離を置けたことで、社員という立場ではなく、フリーランスという立場で会社に貢献していくという選択があることに、気づいた人も多いのではないでしょうか。

何よりリモートワークによって、苦しい朝の通勤の時間が大きく減り、自由に使える時間が増え、家族とも長く一緒に過ごせて、遠方の好きなところに住める可能性さえ高まったのです。そんなフリーランス的な働き方の魅力に、多くの人が気づかれたはずです。

副業を解禁する企業も増え、フリーランスという生き方の模索もやりやすくなってきています。オフィスを縮小したり、なくしたり、と会社も大きく変わろうとしている。コロナ禍はむしろ、フリーランスを増やしていく気がするのです。

せっかくフリーランスを目指すのであれば、多くの人にうまくいってほしい。会社員時代には、想像もつかなかった収入が得られる可能性だってあります。私自身が、そうだったように。そのために私自身がやってきたことを私なりに整理したのが、この本です。

私は書く仕事でフリーランスになりましたが、本書の内容はさまざまな職業のフリーランスの方々にもきっとお役に立てると考えています。

「自分のために働かない」という選択

なぜ自分がフリーランスとして26年間も走り続けることができたのか。その大きなヒントかもしれない、という話を、ひとつ先にしておきたいと思います。

20代の私は、とにかくギラギラしていました。早く成功したかった。早くいろんなものを手にしたかった。お金も欲しかったし、名誉も欲しかった。人に羨ましいと思われたかった。

そう、自分のエゴと欲だけで生きていたのが、私の20代。だから、失敗したのだと思っています。失業で地位や名誉、財産も失いました。

振り返れば、20代はうまくいかないことばかりでした。就職活動では入りたい会社に行けませんでした。やがて興味ある業界に転職はしたものの、労働条件などにはまったく納得できませんでした。そして、意を決して飛び込んだ2度目の転職先が倒産……。

28歳で失業者になって、何がショックだったかというと、収入が途絶えたことだけではありません。「誰からも必要とされていない自分」に気がついたのです。

属する組織もない。通う会社もない。何かを頼もうと声をかけてくれる人もいない。町を歩いているだけでも、猛烈な疎外感に襲われました。誰からも必要とされていないということが、これほど恐ろしいものだとは思いませんでした。

その後、フリーランスになって決めたことがひとつあります。

「もう自分のために働くのはやめよう」

必要としてくれる人のために働く。必要としてくれる誰かのために頑張る。なぜなら、必要とされることが、私にとっては一番ありがたいことだったから。

きれいごとで言っているのではありません。誰からも必要とされない恐怖は、そのくらい大きかったのです。そして、誰かに必要とされることが、私の何よりの喜びになりました。

今でも私の最大のモチベーションは、必要とされ、声をかけていただくこと、です。「上阪さんにお願いしたい」と言われること。だから、私は仕事を選びませんでした。やりたいことも持ちませんでした。自分にできること、できそうなことは、どんどん引き受けました。なぜなら、必要とされることが一番うれしいことだからです。

振り返ってみると、この「自分のために働かない」というマインドチェンジこそが、ボロボロだった20代から、私の人生を一変させたのだと思っています。そして仕事を選ばなかったからこそ、想像もつかなかった未来が、私には待ち構えていました。

好きなことができても、幸せにはなれない

後に私は、幸運なことにインタビューの仕事で、毎日のように成功者と呼ばれる著名な方々に会うことになります。その過程で、人生がうまくいくことの何たるかについて、

少しずつ言語化できるようになっていきました。

例えば、成功することと人生がうまくいくことは違う、というのもそのひとつ。社会的地位やお金を手にすることで、人生はうまくいくわけではありません。実際、成功しているのに、まったく幸せそうじゃない人もたくさんいました。

社会的な成功を手にしても、巨額のお金を手にしても、うまくいかない人はうまくいかない。幸せにはなれないのです。

そして、人間にとって最も大きな喜びは何なのか、ということについても深い関心を持ちました。それは、やはり「誰かの役に立てること」ではないかと考えるようになったのです。

私がなぜ、誰からも必要とされない失業中に恐怖を覚えたか。それは当然でした。私にとっての最大の喜びは、人の役に立てること、だったからです。誰かに必要とされ、誰かに喜んでもらえることだったのです。

しかし、これは多くの人にとっても、同じではないでしょうか。誰かの役に立てることにこそ、喜びは潜んでいるのです。しかし、このことは意外に知られていません。

人生がうまくいく、とは、やりたいことができる、好きなことができる、社会的・経済的に成功することだと考えている人は少なくありません。しかし、私はそうは思いません。好きなこと、やりたいことができたところで、誰も喜んでくれる人がいなければ、そこにいったいどれほどの意味があるのか。

言葉を換えれば、「ありがとう」と言ってもらえること。それを、より多くの人に言ってもらえるようになること。これこそが、人間にとっての最大の原動力になるのではないか。私はそう思っています。そして3000人以上の成功者と言われる方々への取材を通じて、その確信はますます深まることになりました。

私はちょっと変わったフリーランスかもしれません。ただ、こんなフリーランスもいるのか、ということを知ってもらえたら、と思います。そして、フリーランスという働き方には、とても大きな魅力とポテンシャルが詰まっている、ということも。

ちょっと変わったフリーランスが語る、「生涯現役で幸せに働き続けられる」「人の倍稼ぐ」フリーランスの考え方、詳しく語っていきます。

目次

III　お金と時間との向き合い方

IV 不安を乗り越える。殻を破る。

V ひたむきさと志こそ

人の倍稼ぐフリーランス46の心得

I

フリーランス、最重要の「心得」

1　その仕事の「本質」は何か、を見誤らない

フリーランスとして仕事をしていく上で、最も大事なこと。それは、「仕事の本質を見誤らない」ことです。その仕事の本質はどこにあるのか。それを理解しているのとしていないのとでは、アウトプットがまったく変わってくる。的を外さなくなるのです。

例えば、私の職業は、一般的には「ライター」というものになります。そして多くの人が、ライターの仕事は、「書くこと」だと思っています。しかし、私はそうは思っていません。もちろん書くプロセスはありますが、ライターの仕事の本質は、書くことではないのです。文章を書く仕事では、たしかに小説家やエッセイスト、コラムニストのように、書くことそのものに価値を持つ、という職業もあります。しかし、ライターの仕事はそうではない。

そのときどきの仕事の目的をしっかり理解し、文章を書くために必要な情報を得て、それを読者に届けること。これが、ライターの仕事です。「書くこと」はアウトプット

の手段に過ぎないのです。

実は書くことよりもはるかに重要なのが、取材やインタビューなのです。もし、取材やインタビューでいい話を聞くことができなければ、書くことはできません。ここが、創作を生業としている小説家とは異なるところであり、自分の思いや考えを書き連ねていくエッセイストやコラムニストとも違うところです。

ライターの場合、書くことそのものは目的ではありません。「文章の素材」はあくまで「自分の外」にある。それを取材、インタビューで取ってこなければいけないのです。いい素材を取ってくることができなければ、書く段になって困ってしまったり、仕事の発注者である編集者などから残念な反応をされてしまうことになります。

もし、ライターの仕事は「書くこと」だと考え、取材やインタビューが不十分だったとしたら、いいアウトプットはできないということです。

ですから、私の仕事時間の多くは、実は取材、インタビューに費やされています。あるいは、そのための準備や資料集めです。

取材でいい素材が集められたら、書くのはあっという間です。文章を書く上で大事なポイントは、いい素材を集めるための取材やインタビューにこそある、ということ。これが、ライター仕事の本質です。この本質を間違えると、うまくいきません。アウトプットは文章だからと、文章術ばかりを磨いても、いいライターになれるとは限らないのです。そして、文章がうまく書ける人が、いいライターになれるのかといえば、必ずしもそうではない現実があります。

実は私はもともと文章を書くことが好きではありません。今もそうです。ただ、私は幸運にも、私自身が好きなことと、「取材が大事」というこの職業の本質が合致していたのだと思います。例えば、人の話を聞くのが大好き。そして、人に伝えるのが好き。こんな面白い話があるんだよ、と言いたくてしょうがない性格。これこそ実はライターの必須要素だと思っています。

これは、他の仕事でも同じです。仕事の表面的な部分に惑わされてはいけません。職業選択においては表面的な「好き」だとか「やりたい」だとか「得意」だとかは意識しないほうがいい。フリーランスになるとすれば、なおさら、その仕事の「本質」を理解しておかないといけません。それは、意外なところに潜んでいたりします。

一般的に言われていること、考えられていることには気をつけたほうがいい。表面的なことを、そのまま信じない。私のフリーランス人生のキーワードのひとつです。

2 「発注者にとっての100点」以上を狙う

フリーランスに大切なこととしてもうひとつ、目的思考があります。仕事をもらったとき、その仕事の目的は何なのか、しっかり確認すること。発注者のニーズをしっかり捉えておくことです。

そんなことは当たり前じゃないか、と思われるかもしれませんが、実はそう単純な話ではありません。ニーズというのは、意外に複雑かつ変化するものだったりするからです。

例えば、雑誌の記事を依頼される。目的は記事を書くこと、と想像されるかもしれませんが、そうではありません。それは、言ってみれば「表面上の目的」です。記事には、実は「真の目的」があるのです。

どういう人に向け、どんな読後感を持ってもらいたい記事なのか。これこそが、「真の目的」です。それがわかっていないのに、やみくもに「これが面白いはずだ」と記事を作っても、「真の目的」は達成できません。目的をしっかり確認しないまま、仕事を見切り発車してしまうと、原稿が書き上がった後に、「こうではない」「イメージと違う」と発注者から言われてしまうことになります。

こういうことが起こるのは、きちんと「真の目的」を認識していないからです。そしてこれは、あらゆる仕事でも同じです。

資料ひとつ作るにしても、「真の目的」はそれぞれ異なります。役員が経営会議で使う資料なのか、部内の企画会議の参考資料なのか、お客さまへの提案資料なのか。この3つだけでも作り方、体裁はまったく違ってくるでしょう。一歩踏み込んで、「真の目的」を追いかけていかなければ、求められているものに応えられないのです。

文章を書く仕事の場合、まずは読者を意識する必要があります。どんな雑誌でもウェブサイトでも、主たる読者が想定されています。その読者に向けて記事を書くのが、大きな目的です。ただ、読者を理解するだけでは、目的を把握したことにはならない。そこから一歩、踏み込まないといけない。

実際、こんなことがありました。講談社の週刊誌『週刊現代』の巻頭グラビアで福山雅治さんにインタビューすることになりました。

『週刊現代』は60代がメイン読者の雑誌です。最初のときは、福山さんに60代の定年後世代に応援メッセージをいただく、という順当な切り口の企画でした。

ところが、2度目のインタビューでは「真の目的」が違っていたのです。既存の60代の読者に喜んでもらうのではなく、福山さんと同年代の40代の新たな読者を獲得するための記事を作ってほしい、というものだったのです。

60代の定年後世代への応援メッセージと、40代のバリバリ現役世代へのメッセージとでは、まったく内容が変わることはご想像の通りです。40代の新しい読者の獲得という「真の目的」の確認が抜け落ちてしまうと、こういうことになるのです。

これは非常にわかりやすい例ですが、まずは発注者に必ず「真の目的」を確認することです。しっかりとしたコミュニケーションを絶対に忘れない。フリーランスに大事なことは、的を外さないこと。仕事の出来不出来は、一瞬で判断されてしまいます。

どんな仕事もそうですが、発注者が何を求めているのかを明確につかんでいなければ、期待に応えられるはずがありません。もっといえば、発注者が持っている100点がわからなければ、100点は取れない。

どうやったら、発注者から100点がもらえるか。それをしっかり確認し、理解していく。どんどん質問し、イメージを共有していく。

その上で、１１０点、１２０点をどうすれば取れるかを考えていく。１００点は当たり前に目指すべきで、それ以上になって初めて発注者の中にサプライズが生まれます。またお願いしよう、ということになる。

一方、１００点を確認しようとしても、出てこない発注者には気をつけたほうがいい。自分の中に確たる目的やアウトプットイメージができていない、ということだからです。

こういうときには、後でトラブルにならないように、一緒にアウトプットイメージをしっかり固めていく。１００点を共有していくことから始めるのです。

3 締め切りは是が非でも守る

100点を目指す。相手のサプライズを目指す。そう書きましたが、もちろんそんなに簡単なことではありません。私の仕事の文章にしても、「おぉ、これはいいですね！」と思ってもらえても、イコール100点獲得となるかどうかは別の話だったりもします。というのも、人には文章の好みがあるからです。高い点数を得るのは、並大抵のことではない、と私は考えています。

一方で、確実に点数を得る方法があります。それは、時間をしっかりと守ること。約束の時間を守る。仕事の締め切りを守る。ところが、意外に守れない人が少なくない。だから、守ることには大きな価値が生まれます。

これは出版業界では驚かれることなのですが、フリーランスになって26年間、私は一度も締め切りに遅れたことがありません。理由は極めてシンプルで、締め切りには意味があるから。仕事のプロセスは、それで終わりではないからです。

締め切りに遅れると、仕事に関わるすべての人に迷惑がかかります。仕事相手となる編集者にとっては、プロセスはそこから始まるのです。急いで誤字脱字などの校正もしないといけないし、デザインや文字組も考えないといけない。印刷会社などの関係者にもタイトな日程で応じてもらわないといけない。

締め切りに遅れるということは、関わる人たちすべてを「待たせ、かつ、急がせる」ということです。それが想像できるのであれば、よくもまぁ堂々と迷惑をかけられるものだと思わざるを得ません。

また、本の場合には原稿がゲラ刷りという形でプリントアウトされます。そこに著者が修正を入れていくのですが、人によってはゲラを真っ赤にするほどアカ字を入れるようです。それを誇らしげに語る人もいます。

しかし、私はゲラにはほとんどアカ字を入れません。せいぜい誤字脱字程度です。その理由は至極単純で、ゲラ刷りに多くのアカ字を入れたら、編集者はその確認作業に追われ、大変な思いで印刷に反映させなければいけなくなるからです。印刷会社も対応に追われます。

もちろん、書き手として文章や内容にこだわるのは素晴らしいことだといえます。しかし、だとすれば、ゲラになる前の生原稿の段階でしっかりこだわっておけばいいだけのことです。もとより私がゲラでアカ字をほとんど入れないのは、生原稿の段階で推敲を繰り返しているからです。

どんな仕事も同じです。相手の立場に立てば、手間暇や迷惑をかけないかなど、さまざまなことを意識することになります。

実はメールひとつで、そういうことを考えているかどうかは、わかります。例えば、私は月曜の朝と金曜の夕方のメールは急ぎでない限りしません。誰でもその時間帯は忙しいからです。そんなタイミングで、わざわざ急ぎでもないメールや文字がぎっしり詰まったメール、あるいは手間をかける内容のメールを送る必要はありません。ましてや、土日にメールが送られてきたら、相手はどのように思うでしょうか。

相手の立場に立てば、そういうことにも気づけるようになるはずです（実はメールには本当に人が出る、と語る人は少なくありません）。

4 レスポンスはとにかく早く

「経験が浅いのですスキルに自信がないのですが、どうやったら仕事相手に信頼してもらえますか」という質問を、若い方からもらったことがあります。

もちろん高いスキルで応えられることがベストですが、では高いスキルがあれば信頼してもらえるのかというと、必ずしもそうではありません。私がお伝えしたのは、必ず締め切りを守ることに加えて、すばやい対応を心がけること、でした。レスポンスが早いこと。何かを問われたとき、すぐに対応できるかどうか。

これは、発注する側の立場に立ってみればわかります。例えば、仕事の依頼の連絡をしたのに、なかなか返事が来ない。これでは困ってしまいます。

もし受けるのが難しいのであれば、発注者は別の人に当たらなければいけないわけです。レスポンスが遅くなるほど、その対応が遅れてしまいます。そうすると、別の人にお願いするにしても、仕事にかけられる時間がどんどん減っていくのです。

そういうことが想像できる人は、とにかくレスポンスが早い。その場ですべて即答しなければならないわけではありません。予定を確認したいので、ちょっと待ってほしい、という連絡でも構いません。「できればやりたい」という意思表示をするだけでも相手の印象はまるで変わります。

ところが、それを想像できない人は、何のレスポンスもしない。そして時間だけ、どんどん経過してしまう。これが、発注者にとって、信頼が高まる行動といえるかどうか。それこそ何かを依頼しようとしたとき、「ああ、あの人はレスポンスがいつも遅いから」と後回しにされてしまっても仕方がない。メールの返事やアポイントの日時調整でも、レスポンスの遅さは致命的です。

成功者と言われる方々や経営者、ベストセラー編集者など、たくさんの人たちと仕事をご一緒してきましたが、できる人ほどレスポンスが早い、という印象があります。

面白いのは、経営者と役職者、担当者と一緒に食事をした場合です。お礼のメールを送ると、真っ先にレスポンスがやってくるのは、経営者であることが少なくない。最も忙しいはずなのに、です。そして次が役職者、さらに担当者。極めて興味深いのは、偉い人の順番でレスポンスが来ることです。

仕事のスピードは訓練でどんどん速くなっていくといいます。役職がつけば、次々に意思決定しないといけなくなりますが、逆にいえば、そのスピードは訓練しないと速くならないのです。そしてその訓練は、日常的にできるといいます。

どうすれば最もスピードを速められるのか、できる人は常に考えているのです。例えば、エレベーターに乗ったとき、最も早くエレベーターをスタートさせる方法があります。一般的には、階数ボタンを押してから閉じるボタンを押しますが、閉じるボタンを押してから階数ボタンを押す。これだけで、わずかな時間の節約になるのだそうです。

そんな小さなことで、と考えるべきではありません。一事が万事で無駄な時間はどんどん蓄積されていくのです。どうすれば最も効率良く物事を進められるか、できる人たちは常に考えているのです。だから、仕事のスピードを速められる。意思決定も早くなっていく。

ある経営者の書籍をお手伝いしていたとき、とんでもないスピードでメールの返信が来るので驚きました。聞けば、意識してやっているとのことでした。

どうせ返信をしなければいけない。だったら、さっさと済ませたほうがいい。相手にとっても、そのほうがありがたいはずだ、と。まさにその通りでした。

彼らはとにかく時間を大事にしています。時間を大事にしない人は、それこそ相手にされません。レスポンスを早くする。これも相手の立場を大切にする、ひとつの方法であり、難しいスキルなどいらない本質的な取り組みです。

私に仕事の依頼が来たとき、レスポンスを早めるためにも決めていることがあります。それは、仕事は基本的に、オファーがあった順番に進めているので、「スケジュール上可能かどうかだけで決める」ということです。もっといえば、仕事を選ばないのです（もちろん私には絶対無理な仕事、やるべきでないと感じた仕事は別ですが）。

よりよい仕事を得るために依頼内容を精査する、という考え方もありますが、私はやりません。なぜなら、判断に間違いなく時間がかかるし、どんなに考えたところで完璧な精査などできないからです。

余計なことは考えずに、スケジュールだけで判断すれば、すぐにレスポンスができます。そして、余計なことを考えなかったからこそ、思ってもみない仕事の広がりを得ることができた。私は早いレスポンスによって、多くのご縁を手に入れられたのだと思っています。

5 「仕事相手の仕事相手」に満足を与えられているか

仕事相手の立場に立つ、とは、言葉を換えると、相手の成功を応援する、ということでもあります。

相手に媚びるとか、相手の思うままに動くとか、そういうことではありません。接待することでもなければ、贈り物をすることでもない。そうではなくて、あくまで仕事において相手の力になるということ。

相手を出世させたい、相手に少しでも仕事で成功してもらいたい、と考えるのです。

私は求人広告のコピーライターをしていたころ、何人ものデキる営業担当者と同行していると、彼らの共通項に気づきました。

求人広告の仕事ですから、クライアントの窓口は人事担当者。このとき、デキる営業担当者は、その人事担当者に対して、「(広告を) 売る人と買う人」で対峙しているような雰囲気がまるでなかったのです。

それこそ、営業先だからといって相手に媚びるような雰囲気もなければ、いい顔をするようなこともなかった。むしろ、言いたいことをビシビシと言っている印象でした。どうしてこんな対応ができるのか、やがてわかりました。平たくいえば、営業担当者は人事担当者のために仕事をしているわけではなかったのです。人事担当者のミッションは、いい人材の採用ができること。デキる営業担当者は、まさにこのミッションを見ていたのです。

新卒採用であれば、学生や会社の社長に目を向ける。学生の視点から、あるいは経営者の視点から採用について、人事担当者に「こうしたほうがいい」「こうするべきだ」という指摘を次々に繰り出していく。

人事担当者にすれば、それらは自らの仕事のミッションの完遂に近づけてくれる助言です。だから、たとえ厳しいことを言われたとしても、大きな信頼感を営業担当者に持っていました。むしろ、厳しいアドバイスを求めていた印象すらありました。

もっとシンプルにこのことを理解したのは、ＯＡ商社のパソコンのトップ営業マンに取材したときでした。どうしてトップの数字を取れているのか、という質問に対して、彼は端的にその秘訣を教えてくれたのでした。

「担当者と真正面に向き合うのではなく、隣に座って一緒に課題を考えるんですよ」

担当者の課題は、社内にいかにいいパソコン環境を作れるか、ということ。このとき、営業が探らなければいけないのは、担当者の意向ではありません。社内のパソコンユーザーに何が必要なのか、という課題です。

それがわからなければ、いい解決案を提示できない。逆に、課題を解決できる提案ができれば、パソコンは確実に売れます。課題解決に必要だからです。

つまり、仕事相手を見るのではなく、仕事相手の課題や「仕事相手の仕事相手」を見るということです。

ただ仕事相手のために仕事をしても、彼らが得られるものは少ないのです。そうではなくて、「仕事相手の仕事相手」にベネフィットが与えられる仕事をしていく。それが、仕事相手にも結局はベネフィットをもたらすことになるのです。

お客さまのお客さまを知る。そこに思いを馳《は》せる。そこにある課題の解決を考える。そうすることで、ただ仕事相手だけを見ていてもわからなかったことが、見えてきます。そうして仕事相手としっかりディスカッションができれば、信頼が生まれます。

もし打ち合わせで発注者の言っていることが間違いだと思うなら、指摘する必要があります。私なら、こうしたほうが読者のニーズに合う、と伝えます。そうしなければ、読者に受け入れられなくて、内外で支持を失うのは結局は仕事相手だからです。

私自身、担当編集者と打ち合わせをするときは、正面に座っていても、本や雑誌の読者に目を向けて、「編集者の隣」に座っているイメージで話をするようにしています。言ってみれば、編集者と共闘関係を作る。間違っても対峙してはいけません。

これは、どんな仕事でも同じです。必ず「仕事相手の仕事相手」がいる。それこそが、フリーランスとして強く意識すべきことなのです。

6 考えすぎず、流れに身をまかせる

この仕事をして、あの仕事をして、それからこういう仕事をして……。と、仕事のキャリアを考えたり、あるいはフリーランスになろうとする際、とにかくいろんなことを考えすぎてしまう人は少なくないようです。

ただ、私自身の経験を振り返れば、むしろいろいろ考えすぎていたときは、まったくうまくいきませんでした。ところが、何も考えなくなったとき、いきなり人生が大きく好転し始めたのです。

もともとフリーランスになるつもりはまったくなく、転職した会社の倒産から、私はなし崩し的にフリーランスに踏み出しています。この状況に陥った背景には、私個人の事情が大いに関係しています。

私は兵庫県北部の小さな街の農家の長男として生まれました。曾祖父から数えて私は4代目で、「お前がこの家を継ぐんだ」と父から言われ続けて育ちました。子どもの頃

は、それが嫌で嫌で仕方なく、自分の運命を呪っていました。

高校はたまたま公立の進学校に進みましたが、誰も褒めてくれません。私自身も、大学に進めるとは思っていませんでした。しかし、このままでは人生が終わってしまう、と高校3年になって意を決して父にお願いし、大学卒業後は故郷に戻ることを約束。そうして私は進学を許されたのでした。

ところが、都会での大学生活はあまりに楽しすぎました。故郷に戻らなければいけない日は、刻一刻と近づいてきます。私は勝手に就職先を決めてしまい、それから再びの猶予《ゆうよ》を申し出て、無理を押し通した末に東京で就職したのです。いわば親を裏切ったのです。

そんな事情もあって、私はとにかく焦っていました。大学を卒業して以降、自分が納得できるような成果は何ひとつ出せていませんでした。これが故郷に戻れない理由のひとつでした。何か大きな結果が欲しかったのです。

そんな焦りが、転職の引き金になります。そして転職しても納得がいく日々は送れず、再びの転職。何かが変わることを期待したのですが、こともあろうに、この会社が倒産。自分でいろいろ考え、力んで踏み出した選択は、ことごとくうまくいきませんでした。

28歳で失業。故郷の両親にしてみれば、「何をやっているのか」とため息ばかりだったと思います。さしもの私も、このときは絶望感に襲われました。

失業したのが6月。その年は、暑い夏でした。私はエアコンもつけず、マンションのベランダから、ぼんやりと外をいつまでも眺めていたことを覚えています。

これからどうなってしまうのか。私にとって、未来は恐怖でしかありませんでした。何も考えたくなかったし、何も考えられなかった。そんなふうにグズグズと日々を送っているとき、1本の電話がかかってきました。

私は求人広告のコピーライター時代、親会社であるリクルートの営業部に常駐していたのですが、その広告制作部門のトップの方が心配して電話をくださったのです（これには、同じ子会社にいた同僚が一役買ってくれたに違いないと私は想像しています）。

「上阪、大丈夫か？」

「大丈夫じゃありません」

そして、オフィスのあった銀座に呼び出されました。そこで私を待っていたのは、セクションのトップの方ではなく、顔は知っているものの、一度も仕事をしたことがなかった部下の方でした。

上阪をなんとかしてやってくれ、と依頼されたのでしょう。少し話をして、彼から提案を受けたのが、時給のアルバイトで急場をしのぐ、というものでした。

当時、リクルートには退職から6カ月を経過していないとフリーランスの取引コードを取得できない、というルールがありました。私が退職したのは、3月末。9月末までフリーランスとして仕事をすることはできません。

しかし、お金は底を尽きかけています。そこで、時給のアルバイトを提案してくださったのです。ただ、元いた広告制作のセクションで時給のアルバイトというのは恥ずかしかろう、というので、彼の知り合いのいる別のセクションを紹介されたのでした。誰も知り合いはいません。そして、この部門を紹介してもらったことが、後に私の運命を変えていくことになるのです。

以来、私は何も考えなくなりました。考えたくても、考えられなかった、ともいえます。自分の意思で何かを決めたことはほとんどありません。ところが、自分の意思で決めて、やることなすことうまくいかなかった20代が嘘のように、いろんなことがうまくいき始めるのです。何も考えない、は私にとっては間違いなく正解だったのです。

7 周囲の人はあなたの仕事をものすごく見ている

フリーランスになって、強烈に実感したことがあります。それは、まわりの人はとてもよく人を見ている、ということです。会社を辞める前も、フリーランスになってからも、驚くほど自分は見られている。それを痛感しました。そして、チャンスはどこからやってくるかわからない。意外なところに、チャンスは潜んでいたりするのです。

転職した会社が倒産、失業してから古巣の親会社であるリクルートで紹介されたアルバイトは、編集アシスタント（のアシスタント）でした。アンケートを封筒に詰めたり、見本誌の発送業務をしたり、という雑務の日々。時給850円。数カ月前まで、まがりなりにもクリエイターとして広告を作っていた身としては正直、屈辱でした。

一方で、久しぶりに誰かに必要とされる日々。私は若いアシスタントの指示のもと、一生懸命に仕事をしていました。そうすると、あるとき編集長に声をかけられたのです。

「アルバイト期間が終わったら、記事を書いてみない？」

私は広告クリエイター経験しかなく、編集記事など書いたこともありません。それなのに、アルバイトとしての仕事ぶりを見ただけで、チャンスをもらえたのです。アルバイトの期間は、約2カ月。フリーランスとして取引コードが取れる日が見えてくると、編集長から本当に記事の依頼がやってきました。

そしてこの仕事が、後に私の代表的な仕事になる、著名人へのインタビューにつながっていくのです。失業し、時給での屈辱的なアルバイトがなければ、実はつかむことができなかったチャンスでした。

晴れてフリーランスの取引コードが取れ、転職する前に常駐していた広告の制作部門に行くと、温かく迎えてもらえました。半年前まで、席を置いて仕事をしていた部署です。考えてみれば、これまでと同じ仕事をフリーランスでやる、というだけです。ご祝儀の意味合いもあったと思います。たくさんの仕事を出してもらえました。

この制作部門に打ち合わせに出向くと、フロアにいる人たちと顔を合わせることになります。私の顔を見つけて、「あ、そういえば上阪さんに頼みたい仕事があった！」とよく言われました。打ち合わせには積極的に出向きました。見つけてもらい、思い出してもらう。なるほどフリーランスにはこれが大事なんだ、と知りました。

そして幸運だったのは、私はこの制作部門以外にも、かつて常駐していた他部署があったことです。フリーランスになったと聞いた、と以前ご一緒していた担当者からも、広告制作関係の仕事の声が次々にかかるようになりました。

しかも、会社には異動があります。別の部門に異動した人からも仕事をいただき、打ち合わせに行くと次々同僚を紹介されました。そんなふうにして、仕事相手はどんどん増えていき、いろいろな人から仕事の声がかかるようになっていったのです。

このときに改めて思ったのは、人は本当に人をよく見ている、ということでした。時給アルバイト中もそうでしたが、もし私がリクルートの子会社勤務時代、クサっていい加減な仕事をしていたら、フリーになってから仕事を出してもらえたかどうか……。

勤めていた会社にはいろいろ不満はあったけれど、一生懸命に仕事をしていて本当に良かった、と心から思いました。

もしまだフリーランスになっていない人であれば、実は辞める前が重要です。人は本当に人をよく見ているからです。その意味で、実はフリーランスの成否は、辞める前から始まっています。すべては、つながっているのです。

8 「見込み客」を確保してから独立する

フリーランスになるとき、これだけは考えておいたほうがいいこと。それは、見込み客や最初の仕事をしっかり確保しておくということ。仕事の目処をつけてから、フリーランスになるということです。私の幸運は、かつて勤務した会社の仕事で、まずはそのままフリーランスになれたことです。これがなかったら、仕事先を求めて、右往左往していたかもしれません。かなりの苦労を強いられた可能性が高い。

その意味では、元いた職場を取引先にするのは、最も有効なフリーランスのなり方です。だからこそ、在職中の仕事への向き合い方は、極めて重要になってくるのです。

フリーランスになることを考えるとき、まずは勤務先が外注している仕事や、外注できそうな仕事がないか、探ってみることです。それを最初の仕事にして、時間をかけて取引先や仕事領域を広げていけばいいのです。

大きな実績があるのなら別ですが、そうでもなければ、まったくフリーで仕事をしたことがない人に、そうそう仕事が来るわけがありません。後に詳しく書く「紹介」という最も有効な手法に期待するためにも、まずは時間に余裕が欲しい。フリーとして収入が軌道に乗るまで、しのげる仕事先が重要になるのです。

大事なことは最初の仕事となるベースです。逆にいえば、この仕事のベースを獲得するためにまずは転職をする、という方法もあるでしょう。

例えばライターとしてフリーランスになりたいのであれば、メディアへの就職を考えてみる。最近では、元気なウェブメディアも少なくありません。正社員が難しいのであれば、契約社員やアルバイトで潜り込むという方法もあります。

あるいは編集プロダクションに入る。オウンドメディア（企業が独自に運営するメディア）に携わる。はたまた講演依頼サイトなど、ウェブにインタビューをたくさん掲載している事業会社に潜り込むという方法もあります。実績を積み、人脈を作り、そこを取引先にしてフリーランスになる道を探る。このくらいの慎重な準備をしてもいい。

講座や塾、セミナーなどを活用する方法もあります。私は2014年から、著書に代わって本を書くブックライターを育成する「上阪徹のブックライター塾」を主宰していきます。すでに200名以上の卒塾生を出し、ベストセラーに携わるなど、活躍している人も数多くいます。私が塾の最大の特色に据えたのは、私が日頃、お世話になっている現役バリバリの編集者をゲストとして何人もお招きすることでした。そうすることで、塾生といい出会いを作ることができると考えたのです。

実際、ライター経験者の中には、塾で出会った編集者と即、仕事が始まった人も少なくありません。また、これからライターになろうという人、フリーランスになろうという人も、「最初のお客さま候補」を獲得できます。中には、元東京国税局勤務の公務員だった人もいます。安定した職場を捨て、小さなお子さんもおられる中で、フリーランスのライターになりたいと相談を受けたときには、私も思わず黙ってしまったことを覚えています。

しかし、彼は3年かけて独立を準備していきます。公務員ですから、副業ができない。それでもブログ発信に取り組んだり、塾のネットワークを使って勉強会に参加するなど、仕事の基盤を獲得していったのです。

彼がフリーランスになって3年。ウェブサイトの記事、著名な著者のブックライティングをはじめ、いろいろな原稿を手がけています。さらには自分の本も刊行されて10万部を超えるベストセラーになるなど、今や大きな成功を手にされています。

9 見栄を張ってもムダ

フリーランスになってからインタビューの仕事を通じて、たくさんの成功者と言われる方々にインタビューすることになりました。経営者、評論家、ジャーナリスト、スポーツ選手、科学者、作家、プロデューサー……。その数は3000人を超えます。

その際、私がどん底の20代を過ごしていたことが、大きな意味を持つことになりました。うまくいった彼らと、うまくいかなかった自分は何が違うのか、猛烈に興味があったからです。取材では、仕事そっちのけで徹底的にくらいついていきました。

どうすれば成功できるのか。どうすれば結果が出せるのか。どうすれば人がついてくるのか。どうすれば不安を消せるのか……。時には、あまりのストレートな質問にどん引きされながらも、多くの方々が質問に答えてくれました。

おかげで、私の書いたインタビュー記事は支持を得ることができました。後に連載をまとめたインタビュー集『プロ論。』（徳間書店）はシリーズ40万部以上になったのです。

取材対象者からも直々にお褒めいただいたこともあります。それは、私が単に仕事でやっていたわけではなかったからだと思います。本当に知りたかったのです。

このインタビューの過程で、大切な気づきがありました。見栄を張らない、背伸びをしない、ということです。

成功者の中にはソファにふんぞり返って威張っている人もいるのではないか、とついつい考えてしまいますが、実際にはまったく違っていました。大きな成功を長く続けている人ほど、むしろ謙虚で丁寧な人ばかりでした。

そして、自分を決して大きく見せようとしない。自然体なのです。背伸びしたり、見栄を張ったりしない。常に等身大。そのままなのです。

フリーランスは肩書きがありません。何ら後ろ盾になるものもありませんから、ついつい自分を大きく見せようとして、知ったかぶりをしてみたり、経歴をひけらかしたりしてしまいがちです。

しかし、たくさんの成功者と言われる方々に取材をして、はっきりわかったのです。見る人から見れば、すべてお見通しだ、と。数千人、数万人の人を見分けてきた人たちからすれば、簡単にわかってしまう。

すべてを否定するわけではありませんが、周囲にはフリーランスになるにあたって、とにかく形ばかり整えようとする人もいました。住所を気にして、立派な場所に事務所を構える。見栄えを良くしようと名刺や封筒にこだわる。「どう見えるか」ばかりに目が向いている。

むしろ私は逆に振ることにしました。フリーランスになって26年になりますが、例えば今でも名刺は、ネットで注文できるフォーマットデザインの簡易なものを使っています。10年くらいは100枚2000円ほどの名刺を作ってもらっていました。正直、極めて安っぽい名刺でした。しかし、むしろそれがいいのです。

そして今でも私の名刺は、100枚2500円です。マークもなければ、色すらない。社名も入っていません。

実はフリーランスのライターの名刺というのは、相手の反応が極めてわかりやすかったりします。エリート企業の人から「自分には一生、関わりのない人たち」という目で見られることも少なからずあります。それはそれで真実でしょう。

ライターよりも、コピーライターのほうが、対外的には肩書の印象はいいらしい、という話を聞いたこともあります。しかし、私は編集の仕事をするときには、ライターの名刺を使い続けていました。あるカメラマンから言われたことを今も覚えています。

「みんな（実際は）ライターなのにコピーライターを名乗る。なのに、上阪さんは堂々とライターを名乗るんですね」

相手に少しでもよく思われようと見栄を張るようなことを私はしたくなかったからです。そんなことをして、何の意味があるのか。

それよりも、仕事の中身で勝負をしたかった。飾るモノがなければ、仕事で勝負するしかなくなります。きちんと「真の目的」に合致した仕事ができるか。的を外さないか。発注者にも、取材対象者にも満足してもらえるものを生み出せるか。少しでもサプライズを与えられるか。

いずれにしても、見る人が見れば、すべてはお見通しです。いくら見栄を張っても仕方がないのです。持っておくべきは、仕事の中身で勝負する、という覚悟です。

10 「見た目」は関係ない、という無意味なリスク

フリーランスにとっては極めて重要かつ本質的なことなのに、無頓着な人が多いのが、見た目です。これは、背伸びや見栄とは違う話です。

実際、パッと見で人の最初の印象はほとんど決まってしまいます。それなのに、服装や身だしなみ、見た目について「自分は興味がないから」などと意識しない人は少なくありません。

これは、いただけない。実際、見た目がだらしない成功者に、私は会ったことがありません。ああ、やっぱりちゃんとしているなぁ、という人が多い。清潔感もある。

ビジネススクールを運営している会社に勤務していた女性から、興味深い話を聞いたことがあります。ビジネススクールに通おうとやってきているエリートたちなのに、見た目がイケてない人がとても多かった、というのです。

いくら中身を磨いても、ヨレヨレのスーツに重たいバッグを右肩にかけ、靴底のかか

との部分がすり減っていたのでは、とても仕事ができるようには見えない。そう伝えてあげたそうなのですが、なかなかわかってもらえなかったといいます。

彼女いわく、アメリカでは、エグゼクティブはいかに見た目を磨くかを考え、専任のトレーナーがついていたりするそうです。姿勢から歩き方、着こなしやネクタイの色選びまで徹底的に学ぶ。

ウェブサイトに掲載する写真は、最も印象が良くなる髪型や顔の角度が選ばれる。そこまでやるのです。なぜかといえば、見た目の重要性を知っているからです。一瞬の見た目で人は判断されてしまうことがあるからです。

私が最初に勤めた会社はアパレルメーカーでした。私自身、昔からファッション好きだったこともあって、見た目の大事さは意識していたつもりでしたが、それがもたらすインパクトは、想像以上だということが、だんだんわかっていきました。

過度にお洒落を意識する必要も、高価なものにこだわる必要も、まったくありません。清潔感があって、シャキッと見える、きちんとした格好をすること。髪を整え、匂いにも気を配る。

ホワイトカラー領域の仕事をするなら、スーツやジャケットは必須。たとえ、相手がカジュアルな会社であったとしても、相手から言われない限り、ちゃんとした格好をしていったほうがいい。まして、相手がお堅い会社なら、なおさらです。印象に対する評価は相手が決めるのです。

以前、こんな話を聞いたことがあります。自分はフリーランスだから絶対にネクタイをしない、と自慢していたライターがいた、というのです。私はびっくりしてしまいました。経営者には案外フランクで、「ネクタイなんてしなくていいよ」と考えている人も少なくありません。それこそ本質主義です。しかし、取材をアテンドする広報の人はそうはいきません。

「誰だっ。ネクタイもしてこないライターに社長インタビューをさせたのは!」

などと上司にカミナリを落とされかねないのです。自分はネクタイをしない主義だ、などというのは何のアピールにもならないだけでなく、相手側に害を与えることさえあるのです。私が広報担当者なら、そのライターは二度と呼ばないでしょう。

フリーランスは自由だからと、どんなファッションをしてもいいわけではありません。何の後ろ盾もないフリーランスなら、なおさらです。

相手がTシャツだから、こちらもTシャツでいい。それもひとつの判断かもしれませんが、評価するのはあくまで相手です。私は、そんな意味のないリスクは取りません。

ちなみに、私は誰もがポロシャツで行くようなスポーツ選手の取材でも、スーツで行ったりします。これには狙いがあって、取材相手から珍しがられるからです。そういうところから、インタビュー中に思わぬ言葉が拾えたりする。見た目は、戦略的にも使えるのです。

初対面の雰囲気だけで、「ああ、この人とまた仕事したいな」と思える人はいますし、逆に残念な人もいます。

もしかしたら多くの人に、たったこれだけで評価されている可能性もあるのです。

11 リモートワーク時代に必須の「書く」技術

2020年に新型コロナウイルスの問題が起きてから、仕事環境が一変してしまった、という人も多いと思います。フリーランスで働く人も同様です。何より大きな変化は、リアルで人に会う機会が激減してしまったこと。

そこで、これまで以上に大きな存在感を持つようになったスキルがあります。「書く力」です。メール、メッセンジャー、チャット、スラック……。コミュニケーションツールとして、文章がこれほど重要になっている時代は過去にないのではないでしょうか。

こうした背景から、文章について頭を悩ませている人も少なくありません。うまく書けない。時間がかかる。書くことがない。長い文章はなおさら……。文章を書くことを仕事にしている私のもとには、「どうすればいいのか」という相談がよく寄せられます。

私には『文章の問題地図』（技術評論社）など文章に関する本がありますが、まず私が強調しているのは、ビジネスで使う文章には何が求められるのか、ということです。

それは、ずばり、わかりやすさです。文章は、コミュニケーションツールのひとつに過ぎません。相手に伝えたいことが伝わることこそが何より大事。

その意味で「うまい文章」を書く必要はまったくありません。これは、どんな職業のフリーランスも同じです。書き手はよく勘違いするのですが、受け手は誰もうまい文章など求めていないのです。それよりも、すばやくわかりやすく理解できたほうがいい。

だから、わかりやすい文章を目指すのです。相手にすぐに伝わるように、できるだけ平易な言葉を使う。漢字や専門用語だらけにしない。ダラダラと書かない。それこそ私は、メールやメッセージは用件や結論を箇条書きにして送ったほうがいいくらいだと思っています。

そのほうが、パッと見て、すぐにわかるからです。用件がよくわからない、結論がなかなか出てこないメールほど、やっかいなものはありません。仕事の印象は最悪です。

文章はセンテンスをできるだけ短く、簡潔に。内容が変われば行替えをして、見やすく。こういうところにこそ、相手の立場に立ったサービス精神を発揮すべきです。

長くなるようなら、結論を先に書き、優先順位の高い情報からツリー状に書いていく。どこまで読むかは、相手に委ねてしまえばいいと思います。

そしてもうひとつ、安直なミスには気をつけること。いきなり社名を間違えていたり、あろうことか、名前を間違えてしまったり。これは、あなたのイメージを失墜させる原因になります。

キヤノンとキャノン、富士フイルムと富士フィルム（いずれも前者が正解）など、わかりやすい例ばかりではありません。社名間違いは意外にやってしまうのです。名刺を見ながら確実に書くこと。また、名前も要注意。私も上阪と上坂でよく間違えられます（前者が正解）。

「さいとう」も、斎藤さん、齋藤さん、齊籐さん、斉藤さんがおられます。「いとう」も、伊藤さん、伊東さん、井頭さん、井東さんがおられる。うっかりミスも、される側は心地いいはずがありません。「この人に仕事を任せていいのだろうか」「注意力のない人ではないか」「仕事も粗いのでは」といった印象を持たれても仕方がない。

最後にもうひとつ、文章は書き手の「人となり」を相手に伝えてしまう、という注意点です。

例えば、メールやスラック、ＬＩＮＥを仕事で使うとき、「なんでこの人はこんなに感じが悪いのか」と不快に感じたことがある人は少なくないのではないでしょうか。

もちろん時候の挨拶など抜きに、用件だけをズバズバと展開できるのが、メッセンジャーツールのいいところですが、気をつけないと相手には「冷たい人なんだな」などと思われかねません。文字は時には凶器になるのです。

そこで私が推奨しているシンプルな方法があります。

文章は、常に「ありがとうございます」から展開するのです。この一言なら、時候の挨拶のような堅さや面倒さはありません。しかも、礼を言われて嫌に思う人はいない。また、メッセージをもらっているわけですから、ありがとうを伝えて違和感を持つ人もいない。

言霊、という言葉がありますが、言葉や文章は人を作っていくものだと私は考えています。いい言葉を使っている人は、いい言葉の持ち主になっていく。すると、いい言葉を使う機会が増えるような場面が人生に増えていく。

逆に、ひどい言葉を書き連ねていけば、そういう人生を送らざるを得なくなってしまう。天に唾《つば》を吐いているのと同じ。やがて自分に戻ってきてしまうのです。

だから、いい言葉、美しい言葉をフリーランスはできるだけたくさん使ったほうがいい。書く仕事をしているからこそ、強く感じることです。

II

仕事の獲得に「営業」はいらない

12 「売り込み営業」はなぜ危険か

フリーランスになったら、とにかく営業し続けなければいけないのではないか。方々を走り回って、仕事を獲得するために常に頭を悩ませ続けなければいけないのではないか……。そんなイメージを持っている人も少なくないようです。

しかし、私は26年間、一度も営業というものをしたことがありません。どこかの会社に売り込みに行ったこともなければ、仕事をくださいと頭を下げたこともありません。仕事関係者が集まるパーティなどにもほとんど行きません。

それどころか、仕事関係者と飲むこともほとんどありません。自分からも誘わないし、誘われても行かないこともあります。コロナ禍では、なおさらです。

そう、いわゆる営業活動とは、真逆のことをしてきた26年間といえるでしょう。もちろん、元いた会社に最初の顧客になってもらえたという幸運はあります。ただ、私が営業しなかったのは、そもそも営業というものについて、極めて懐疑的だったから。売り込み的な営業がどんな結果をもたらしかねないか、実体験として知っていたのです。

会社員時代、デザイナーが会社に売り込みに来た際、立ち会ったことがあります。デザイナーはファイルに入った作品集を持ってきていて、挨拶が済むとそれをすぐにテーブルの上に広げました。そこそこいいデザインだったので、自分がお願いするとしても、まったく問題はないのではないか、と感じました。

ところが、上長の判断は違いました。厳しいコメントを連発したのです。「イマイチだなぁ」という辛辣《しんらつ》な言葉もありました。デザイナーの顔はだんだんと曇っていきました。結局、その後仕事につながることはありませんでした。

そのときに痛烈に感じたことが3つあります。

ひとつ目は、売り込みに来たというだけで、関係性に上下ができてしまいがちだということです。売り込まれるほうは「上」、売り込むほうは「下」。実際、上長は明らかな「上から目線」でした。なるほど、売り込みをすると、こういう関係性があっという間にできてしまうのか、と感じたのでした。

そして2つ目は、売り込むだけで力量が低く見積もられがちだということです。私から見れば、そのときに一緒に仕事をしていた同僚デザイナーと遜色ないデザインだと感じたのですが、そうは見てもらえなかった。売り込むと、それだけで力量が2割も3割も低く見られてしまう可能性があるということです。

さらに3つ目は、売り込みに来たというだけで、「仕事がなくて困っている」ようにも見えてしまう、ということです。本当はそうではないのかもしれないし、さらなる機会を求めていただけなのかもしれません。しかし、売り込まれる側にはそんなふうに受け止められかねないのです。

もちろん、すべての人がそうだとは言いません。実際、長く仕事をご一緒したカメラマンは、フリーランスになったばかりの頃、東京中の出版社に片っ端から電話をかけて営業したと語っていました。そのいくつかから仕事をもらい、継続的に大きな仕事をするようになった。今でもいつでも電話で営業する気持ちがあると語っていました。

営業を積極的にやろう、というフリーランスもいます。それが得意だったり、向いている人もいます。まったく抵抗がないし、むしろ売り込むのが好きな人もいます。

ただ、そうでないフリーランスもいる、ということです。私は後者でした。たまたま運が良くて営業をしなくて済んだ、ということなのかもしれませんが、実際に仕事の中身が大きく変わっているのに、営業をせずに26年間を過ごしたのも事実です。

私が幸運だったのは、元いた会社を最初の取引先にできたことでしたが、そうでない人もいるかもしれません。しかも、営業はあまり好きではない、うまくアピールができない、という人もいるでしょう。

それでも、いわゆる「営業」とまでいかなくても、できることはあるはずです。例えば、まずはフリーランスで仕事をすることになったことを発信する。SNSで伝える方法もありますが、見てもらえるとは限らない。だったら、関わりを持った人に直接、メールやハガキ、手紙でメッセージを伝えるのはどうでしょう。

まずは、こういう仕事をできる人間がいる、ということを知ってもらわなければ、声をかけてもらいようもありません。これなら、それほどハードルは高くないでしょう。

また、「こんな仕事をしました」というメール報告や、季節の便り、クリスマスカードを送ってしまう、なんてのもいいと思います。ああ、この人いたな、と思い出してもらえるきっかけになる。

ご理解いただきたいのは、頭を下げる「営業」のようなことをしなければいけないわけではない、ということ。見つけてもらうきっかけを作ることです。「フリーランスには営業力が必要」という世の言説やイメージには惑わされないほうがいいのです。

13 アピールより「相手のニーズ」

もし営業を考えるなら、その本質をしっかり捉えなければいけません。

私は「トップ営業」という人たちに数多く取材をしていますが、意外な共通点がありました。多くの人が口が上手ではないのです。インタビューをしていても、極めて朴訥《ぼくとつ》。押しも強くなく、ごくごく自然体。

この人は本当にトップ営業マンなのか、と思わされたことは一度や二度ではありません。では、なぜ彼らはトップ営業たり得ているのか。やがて、その理由に気づきました。聞き上手なのです。言葉を換えれば、相手のニーズをつかむのが、うまい。

例えば、売りたいものがあるとしても、相手が欲しいと思わなければ、買ってもらえません。いらないものは、何を言われてもいらないのです。しかし、欲しいとなれば買う。そのためには、相手のニーズを理解しないといけないわけです。

象徴的な話を取材で聞いたことがあります。ある評論家がテニスコート付きのリゾート施設の会員権に興味を持ちました。そこで会員権を扱う会社に連絡すると、若い営業担当者が飛んできたのです。ところが彼は、パンフレットを広げるなり、自分たちの会社がいかにいろいろな施設の会員権を扱っているか、アピールし始めたのでした。評論家は、彼にすぐにお引き取り願いました。こんな営業からは、何も買いたくない、と。

若い営業担当者が聞かなければいけなかったのは、「なぜ問い合わせをしたか」「どんなニーズがあるのか」でした。それをまず聞かなければ、顧客の満足する提案など、できようがないからです。真っ先に「どんな施設をお望みですか?」と聞いていれば、「テニスコートがあるところ」というニーズを探り当てられたはずなのです。なのに、自分の会社の自慢を始めてしまった。

重要なのは、相手のニーズを知ることであり、相手の課題を解決することです。相手のニーズ、課題を引き出すことこそ、求められるのです。それが解決できる商品やサービスを提案すれば、売れる。これこそが、本来の営業に必要なことなのです。

例えば私は出版の世界で仕事をしていますが、「自分の本を出したい」と編集者にやたらとプッシュをする人がたくさんいるのを知っています。

しかし、本を出す権限を持っている編集者は、それこそ365日「本を出したい」と周囲から言われ続けています。しかも、読者の役に立つためでなく、自分のために本を出したい、という人も多い。出版のリスクは出版社や編集者が取るのに、です。

ではこのとき、「相手のニーズを聞く」という意識を持っていたらどうなるでしょうか。売り込みをするのではなく、編集者が求めているものを聞いていくのです。どんなことがしたいのか。どんなものを世に送り出したいのか。

これを聞いた上で、もし自分にそのソリューションとしての企画が可能なのであれば、提案すればいい。こんなコンテンツを提供できる、と話せばいい。同じ提案をしたとしても、受け手の印象はまるで違うでしょう。

フリーランスで営業というと、どうやって仕事を獲得するか、ということに多くの人が目を向けます。しかし、そもそも重要なのは、「自分が仕事を獲得できるのか」の前に、「相手の役に立てるのか」を考えることです。相手が持っている課題に応えられるかどうか。仮に営業に成功し、無理に仕事を獲得できたとしても、課題解決に応えられなければ、本末転倒です。だから、まずはニーズや課題をしっかり聞く。

もとより仕事とは、人の役に立つことだと私は考えています。役に立てなければ、仕事にならない。だから、役に立てそうな仕事をお声がけいただけるのが最善なのです。

「これはきっとあの人がいいに違いない」。そうなったときに、堂々と役に立てばいい。

ここで考えるべきは、発注者は誰かに発注しようというとき、どんなことを考えるか、です。誰にニーズを満たしてもらえるか、満たしてもらいやすいか、になるわけですが、このとき必ずしもスキルだけで判断されているわけではありません。

実際、読者のみなさんが仕事を発注する立場になったとして、どんな人に仕事を出したいと思うでしょうか。実は大事なのは、こういうことではないでしょうか。声をかけやすいこと。レスポンスが早いこと。対応が明るく、丁寧なこと。安心してお願いできそうな印象があること。こちらが求めていることに確実に応えてくれそうなこと……。

逆に仕事を出しにくいのはどういう人でしょうか。声をかけづらい。気難しそう。こだわりが強くて頑固そう……。要するに面倒な人です。

もちろんスキルも大切ですが、実は問われているのは、仕事人として極めて基本的なことだと私は思っています。基本的なことをきっちりやっていれば、現場で必要になったときに確実に声がかかる。思い出してもらえる。意識すべきは、アピールよりもごくごく基本的なこと、なのです。

14

相手が人を紹介したくなるような仕事をする

営業しない、と強調しているのは、もうひとつ理由があります。それは、果たして営業されるのが、相手にとってうれしいことなのかどうか、です。初めて会う人に売り込まれる、あるいは会う度に営業されることは、心地良いか。

私なら、あまり好ましいこととは思えないのです。

では、どうするのか。仕事を獲得するために、どんな方法があるのか。

私の考え方は、極めてシンプルです。一度チャンスをもらったら、とにかく、いい仕事をすることです。一生懸命にやる。とことんやる。的を外さない。

いい仕事をすれば、必ずまた声がかかります。仕事そのものこそ、最強の営業ツールなのです。余計なことを考える前に、とにかく、いい仕事をすることを考えたほうがいい。いい対応を心がけて、目の前の仕事に懸命になったほうがいい。

ちゃんといい仕事、いい対応をしていると、リピートにつながるだけでなく、「あの人にお願いするといいよ」と、周囲への紹介が始まります。信頼のおける同僚や上司、部下に紹介されることほど、強い推しはありません。

仮に一度も仕事をしていなかった相手だったとしても、売り込み営業とは、まったく違う状況が生まれます。「上から目線」もなくなれば、クオリティを低く見積もられることもない。それこそ信頼のおける人のお墨付きがもらえているのです。

その意味で、仕事獲得は「紹介こそが最強」だと私は思っています。私自身、ほとんどが紹介によって仕事を広げてきました。

そもそも広告の仕事をしていた私が編集領域の仕事をすることになったきっかけは、先に書いた失業中の時給アルバイトでした。そのときに記事を書かせてもらった求人情報誌から、すぐに同じフロアにある中途採用の情報誌につながりました。また、新卒採用の情報誌にも広がっていきました。

さらに、新しく立ち上げる雑誌（フリーペーパーの「R25」）で経済系の記事を書けるライターを求めている、と声をかけられ、同誌の創刊からプロジェクトに加わりました。これも求人情報誌の仕事の縁でした。このR25の編集部で一緒になった同業のライターからは、「経営者にインタビューができる人を探している」と、今度は別の出版社を紹介されました。ここで外資系トップのインタビュー集を作ったことをきっかけに、同社の編集者と次々につながりました。この出版社は、後に最大の取引先になります。

このように私は「こうしたい」という意思がまったくありませんでした。それなのに、まるで「わらしべ長者」のように仕事が広がっていったのです。それは、一緒に仕事をした人たちが勝手に紹介していってくれたがゆえ、でした。

唯一、私が心がけていたのは、紹介をしてくれた人には必ずお礼の言葉を伝えるということ。そして、紹介してもらったことを忘れないこと。感謝し続けることでした。

そうはいっても、紹介なんてなかなかもらえないのでは、と思われるなら、仕事を一度した人に直接、会いに行くことをお勧めします。そこで、同僚の人に会わせてもらうのです。オフィスに行って会うなら、それほどハードルは高くない。そうすれば、存在を知ってもらえます。せっかくなら、得意領域を記したシートのひとつも持っていくといいでしょう。

ベテランのライターとなった今も、「いいライターはいない？」と、私のところに問い合わせが入ったりします。そうです、発注者は常に人を探しているのです。その網に引っかかれば、紹介は次々にやってくるのです。

15 異業種の人も取引先になりうる

フリーランスをテーマに講演するとき、よくする話があります。

それは、仕事は思ってもみないところからやってくる、ということです。

例えばライターであれば、出版社や広告代理店、PR会社くらいが仕事先のイメージでしょう。私自身も当初はそうでした。ところが実際には違ったのです。

ある雑誌の仕事でオリンピックのメダリストに取材をしていたとき、同席していたのが、講演依頼会社のスタッフでした。私はカメラマンやアシスタントの人にも必ず名刺を渡すようにしているのですが（誰だかわからない人と仕事をするのはお互い心地良いものではないからです）、もちろんこのスタッフとも名刺交換をしました。

そうすると後日、メールが来たのです。取材がとても素晴らしかった。実は自分たちの会社でもウェブサイトを持っていて、講演者のインタビューを掲載したい。ぜひ、仕事を引き受けてもらえないだろうか、と。

講演依頼会社が、自社でメディアを作っていたのです。その後、毎月のように著名な方々のインタビューを引き受けることになりました。その取材対象者の一人に、元リクルートで民間人として初めて公立中学の校長を務めた藤原和博さんがいます。

私も元リクルートですが、藤原さんとは面識がありませんでした。インタビューを終えた後、「なかなかいいインタビューだった。今度、一緒に仕事をしよう」と言われました。有名な方ですし、リップサービスだろうと思っていたら、本当に連絡が来たのです。

このときに声をかけてもらったのが、16万部のベストセラーになった藤原さんの著書『坂の上の坂』のブックライティングの仕事でした。版元のポプラ社の編集担当者を紹介され、後に彼女からは別のブックライティング案件も依頼されました。

こんなふうに、取材をさせてもらった人に、「今度、別のメディアから取材を受けるので、書いてくれないか」「本を作るときには、あなたに書いてほしい」「もう出版が決まっているので、ライターをお任せしたい」と言われたことは、一度や二度ではありません。

びっくりな出来事もありました。トークイベントに招かれて、終了後に片付けをしていたスタッフの一人に声をかけて名刺交換をしたら、元マッキンゼーの人でした。それからしばらくして、彼から連絡がやってきて、相談されたのです。

「マッキンゼーがアメリカで本を作っていて、その日本語翻訳版を担当している元同僚がいる。翻訳したものをうまく書籍用の文章にまとめてもらえないだろうか」

もちろんお引き受けをしました。一人ではとてもできないので、私も何人か、知人を紹介したのですが、ありがたかったのは、とても好条件だったことです。このきっかけは、トークイベントの片付けをしていたスタッフとの名刺交換だったのです。

つい最近も、世界に出ていこうとしている地方の中小企業の社長から、思いをまとめたいのでインタビューと執筆をお願いしたい、という依頼をもらいました。これは、フェイスブックだけでつながっていた、この社長の兄からの依頼でした。

どこから仕事が出てくるのかは、本当にわからないのです。だから、逆に仕事獲得は意識しないほうがいいとすら、私は思っています。実際、「この人からは仕事が出ない」などと気づいて、あからさまに態度を変えるフリーランスを何人も見てきました。

むしろ、仕事獲得を意識せず、人と接していく。もし自分が役に立てることがあるのであれば、そこで応えていけばいい。そして仕事をするのであれば、できるだけいい仕事をする。紹介者が恥をかかないような仕事をする。さらにまた人を紹介してくれるような仕事を心がける。紹介してもらえたことを、きちんと覚えておいて感謝の気持ちを忘れない。実際、私の場合はその繰り返しでした。

書く仕事に限らず、専門的なスキルを持っている身近な人は、意外に多くはありません。だから、そういう存在を耳にすれば、相談がやってくることになる。思いも寄らぬ相談があったりする。意外とみんな、いろんなことに困っていたりするのです。

仕事のチャンスは、実はたくさんあります。どこから仕事が出てくるか、わからない。フリーランスになってみると、そのことに改めて気づけます。

16 エージェント登録はリスクを覚悟の上で

人を通じて仕事を紹介される利点は、何よりも「(仕事ぶりを)わかっていてお願いしてくれている」ということです。発注者側はこちらを評価してくれていて、期待にもズレが少ない。だから、適正な仕事を出してもらえる。

ところが、正しく評価してもらえていないと、ピント外れの仕事や驚くほど低報酬の仕事をお願いされかねません。

例えば、エージェント会社や登録会社。インターネットが当たり前になり、フリーランスも登録できるところがたくさんあります。こうした会社自体が営業をしていて、たくさんの仕事を持っていることは事実でしょう。しかし、だからといって自分にふさわしい仕事があるかどうかは、別の話です。というのも、エージェント会社や登録会社が、きちんと登録者を評価しているとは限らないからです。

私自身はエージェント会社や登録会社は使いません。かつて登録会社が出始めた頃、知人にお願いされて登録だけしたところ、仕事を依頼されました。しかし、これがまったくのピント外れの仕事で、どうして私がこれをやらないといけないのか、理解に苦しみました。担当者に聞いてみると、私についてほとんど理解してくれていない。登録されていたので仕事を出した、と語るだけでした。頼める人がいなくて困っていたのでやみくもに人を探しているだけだ、と言わんばかりでした。

しかも登録が残っていたのか、何年も後になって、また依頼が来たのですが、それもまたピント外れの仕事でした。さらに、びっくりするほど低い報酬でした。

基本的に私は仕事を選びませんし、後に書くように報酬もあまり気にしないのですが、そうはいっても限度というものがあります。改めてわかったのは、正しい評価がしっかり行われていないのではないか、ということでした。また、エージェント会社や登録会社は当然、営利企業ですから、マージンを取らざるを得ない。もともとの受注金額が大きくない上に、マージンも取るわけですから、低報酬にならざるを得ないのでしょう。

もともとの受注金額が大きくないのは、それだけの評価の仕事しか受注していない、ということでもあります。つまり、高い報酬を払えるような付加価値のある仕事は、もともとクライアントから期待されていないのです。となれば、受ける側も仕事や報酬に期待が持てるはずはありません。

書く仕事をしている人の中には、登録会社を通じて非常に低報酬の仕事を受け続けている人もいます。ここから抜け出すのは、なかなか大変でしょう。正しい評価に基づく紹介が、まず期待できそうにないからです。

もちろん中には、適正な内容や報酬の仕事を出してくれるエージェント会社や登録会社があるのかもしれません。そのためにも、どのくらい登録者をきちんと評価する仕組みがあるのか、しっかり聞いておいたほうがいいでしょう。それがないのであれば、ただ安く便利に使われるだけ、で終わってしまう危険があります。マージンも抜かれ続ける。それよりも、仕事の出し手と直接つながったほうがいい。その意味でも、エージェント会社や登録会社は使わないほうがいいと思います。便利なだけに、余計に、です。

同様に、異業種交流会にも私は行きません。忙しくて行く時間がなかった、ということもありますが、行かない理由はシンプルです。まったく知らない人と交流をしたところで、正しい評価が得られるとは限らないからです。

自分のことをまったく知らない人、しかも異業種の人から、理解してもらうのは大変なことです。その上、仕事を出してもらうなどというのはハードルが高い。

実際、行ってみたけれど、名刺交換だけで終わってしまった、という声もよく耳にします。ただし、これが同業者の集まりや、仕事のキーワードが一致する会であれば、行く価値はあるかもしれません。本の仕事を始めて少し経った頃、ある著者の方が主催した「ビジネス書著者の会」に招かれたことがあります。

パーティなどはあまり好きではないので、基本的には行かないのですが、興味深いと思ったのは、ビジネス書の著者のみならず、担当の編集者も数多く参加していたことでした。しかも、全来場者のプロフィールが事前にリスト化されていました。

業界の人たちであり、リストもありますから、私がどんなことをしていて、どんな評価を得ているか、ある程度はわかるわけです。そうすると、お互い期待にズレが少なくなる。実際、この会を通じて編集者とつながりが生まれ、仕事にも結びつきました。

ただしパーティで知り合いになったからといって、毎回仕事に結びつくわけではありません。そこが、「紹介」との大きな違いです。発注者は、シビアに見ています。どういう実績があるのか、どんなことが得意なのか……。

実はこれこそ、私がパーティや飲み会に行かない理由でもあります。自分のことをわかってもらうというのは、実はとても難しいのです。

17 「こんなに頑張ったのに」は甘い自己評価

紹介が最強、と書きましたが、何も「紹介してほしい」と毎度相手に伝えるわけではありません。紹介するかどうかは、あくまで相手の判断。誰かに紹介したくなるような仕事をしていくしかない。それを強いてしまったら、本末転倒です。

その意味で大事なのは、自己評価を甘くしないことです。このくらいやっておけば評価してもらえるだろう、誰かに紹介したくなるだろう、などと甘い考えを持ってしまうと絶対にうまくいかない。評価するのは、あくまで相手だということを忘れてはなりません。

会社員時代とは違って、フリーランスになると、もう誰にも愚痴は言えなくなります。会社もないし、上司もいない。すべては自分の責任なのです。改めて自分に言い聞かせなければならないことは、こういうことです。

「評価は自分がするのではない。相手がするのだ」

いくら自分が頑張った、こんなに一生懸命にやった、と思っていたとしても、仕事相手からの期待に応えていなければ、点数はまったくつかないのです。評価はしてもらえない。

よくよく考えれば、当たり前のことです。発注者にしてみれば、評価の対象は、アウトプットだけ。本人がどのくらい頑張ったか、他の仕事で手一杯だったか、などまったく関係がありません。

これは、どんな世界も同じです。一生懸命にやったからといって、納得のいくものが上がってこなかったら、発注者が褒めてくれることはありません。

だから意識しなければいけないのは、自分の中での評価ポイントを甘くしないことです。そもそも発注者の評価は甘くないと考えないといけない。それなのに甘い自己評価をしてしまうと、大きな乖離《かいり》が生まれることになる。

実際にはもっと頑張らなければならなかった、ということです。そうなると、発注者の選択はシンプルです。もう二度を仕事を出さない。それだけです。しかも、なぜ仕事を出さないかは教えてはもらえません。そんな義務は発注者にはないからです。

後に取材で聞いて、ハッとした言葉がありました。

「他人は変えられない。変えられるのは自分だけだ」

どんなふうに言い繕《つくろ》ったとしても、相手の評価を変えることはできません。他人は変えられないのです。たしかにそうだと思いました。しかし、自分は変えられます。これは自分でできることです。

だから、自分で相手の評価点をどんどん高めていく。レベルを上に据える。頑張ることを当たり前にしていく。そうすることでしか、相手からの評価は得られないのです。

そして同時に大切なことは、つるむ仲間を間違えないことです。

「こんなに頑張っているのに」

と愚痴って慰め合うような友達では、成長はないでしょう。進化もない。

まだまだ甘いんじゃないか、と叱ってくれる仲間をこそ持てるかどうか。勘違いしないで済むような厳しいアドバイスをくれる知人がいるかどうか。もっと頑張らねばと刺激を与えてくれる環境が周囲にあるかどうか。

こんなことを語っていた経営者がいました。

「あなたの友達を見れば、あなたがわかるよ」

評価は相手がするもの。それが現実であると教えてくれる友達を持てるか。それも、フリーランスとしてうまくいく、ひとつの大切なポイントです。

愚痴を聞いてもらったところで、自分には何の進化もないのです。自分が変わらなければ、周囲の評価も変わることはないのですから。

ちなみに私には同業者の友人はほとんどいません。しかも、あえてつるまないようにしてきました。なだめ合うようなことにはなりたくないから。自分に甘えを作らないため、です。

一方で異業種の友人たちはたくさんいます。そのひとつに、もう15年以上の付き合いになる「丙午《ひのえうま》生まれの集まり」があります。世の中的にほとんど無名だった仲間たちも、今ではその名が次々に知られるようになっています。自分ももっと頑張らねば、といつも大きな刺激をもらえている貴重な場です。

18 難しい仕事ほど二つ返事で引き受ける

自分の評価を勘違いしないためにも、フリーランスになってから意識してきたことがあります。それは、やっかいな仕事、難しい仕事こそ引き受ける、ということです。ラクでおいしい仕事には興味がありませんでした。むしろそれは、危険だと思っていました。ラクな仕事をしても成長はない。自分にはちっともプラスにはならないのです。

これは会社員も同じですが、最も危険なのは、成長できない場に身を置いてしまうことです。ダラダラと時間が失われてしまう。成長できなければ、いずれ必要とされなくなる危険があるからです。

だから、大変な仕事、やっかいな仕事こそ、引き受けてきました。しかも、こうした仕事は、発注者の困っている度合いがとても高い。先に、必要とされ、喜んでもらえることが何よりの喜びと書きましたが、困っている場合には、発注者からより喜んでもらえることになるわけです。

おかげで、厳しい場面にたくさん遭遇することになりました。その一つひとつが、確実に血肉になったと感じています。

例えば広告の仕事で、前任者が作った求人広告で人が採れなかった、という案件がありました。このままでは終われない、挽回したい、と営業担当者が再チャレンジを申し出に行くところに、取材という形で私が同行することになりました。

事前に聞いていたのは、クライアントは相当にお怒りであるということ。そこから、次の広告につながる内容をヒアリングしないといけないということ。

しかし、挨拶もそこそこに、取材どころではない状況に陥りました。とにかく叱られたのです。大きなお金を払って広告を出しているのに、人材の採用ができないとは何事だ。それなのに、もう一度、お金を出して広告を出せ、とはどういうことか、と。

辛かったのは、その広告を作ったのは、私ではなかったことでした。しかし、そんなことを言い出せる空気ではありません。クライアントもそれを知りたいわけではない。

ほぼ1時間、言い訳せずとにかく叱られ続けると、クライアントは叱り疲れたのか、だんだん怒りがおさまっていったのでした。

ここから話を前向きに持っていき、次の成功のための情報を聞かせてほしい、と切り出しました。改めて、いろんな情報がヒアリングできたため、その後に作った広告では、しっかり結果を出すことができました。

面白いと思ったのは、こういう案件をひとつ手がけると、似たような難しい案件で、次々に声がかかったことです。おかげで私はやっかいな取材の場数を踏むことができたのです。後に著名な方々にインタビューをすることになった際も、このときの経験が大いに生きました。著名人の中には取材がなかなか難しいとされる、いわゆるクセモノという方々も少なくありません。しかし、動じることはありませんでした。それまでの、やっかいな取材の場数があってこそだったと思っています。

書籍の制作でも、コワモテで恐れられていた経営者の本作りに呼ばれたことがあります。このときは編集者から、「取材が難しそうですが、上阪さんなら、なんとかしてくれるのではないかと思いました」と直接、言われました。実際、若い人が取材に行くと、ビビってしまうようなタイプの経営者でした。

私はまったく平気。むしろズケズケと質問していくので気に入ってもらえたのか、本を作った後で食事にまで誘われました。東証一部上場の経営トップと面と向かって高級レストランで食事をするという、なかなか得難い経験ができました。

他にも、若いライターではなかなか記事化できなかったという案件や、取材したその日に原稿を上げないといけないような案件、極めて難しい内容を平易に伝えなければいけない案件、などが記憶にあります。

今も難しい案件ほど燃えます。発注者が困っているからです。それだけ、自分の必要度は高いのです。そして、難しい案件には必ず学びがある。それが経験値となり、成長につながります。

それこそ、誰にでもできる仕事をやっていても成長はありません。過去の財産をただ食いつぶすような仕事をしていても未来はないのです。成長の機会がもらえるのは、極めてありがたいことです。それこそ、ラクでおいしい仕事よりも、はるかに。

ただし、違う意味で「やっかい」な仕事もあります。例えば、極端に低報酬。納期が短すぎる。発注内容があまりにいい加減……。こういうときは、私は引き受けません。自分を成長させる仕事ではないからです。もちろん、何らかの理由で「そのときだけ」はそうだったというケースもあり得ますので、いったんは引き受けるという選択肢もあるでしょう。ただ、それがずっと続くとしたら、自分の成長にはつながらない仕事だと見極めるべきです。

19 スケジュール的に厳しい仕事への対し方

必要とされることが喜び、と書いてきましたが、それだけに仕事はできるだけ受けるようにしていました。しかし、絶対に断ることもあります。それは極めてシンプルで、スケジュール上、限界のときです。引き受けるのが無理なときは、申し訳ないと思いながらも勇気を持って断ります。それが、相手にとってもプラスだと思っているからです。それこそ無理をして引き受けて、クオリティの低い仕事になってしまったら本末転倒です。ましてや締め切りに間に合わない、なんてことになったら、お役に立てるどころか、迷惑をかけることになります。

そして、自分に対する相手からの信頼も失墜します。よく言われることですが、信頼の構築には時間がかかりますが、失うのは一瞬です。だから、無理はせずに思い切って断ったほうがいい。

しかし、フリーランスというのは、お声がけしてもらったときに断ることがとても難しい、というのも事実です。実際、お断りをしてしまったことで、二度と声がかからなかったこともあります。

発注する側にすれば、せっかく仕事を出そうとしてくれたのです。ところが、それをあっさり断られてしまったわけです。残念極まりないと同時に、面白くないと思うものです。例えば私自身、誰かに取材を受けてもらいたいとお願いしたときなど、断られてしまったら、やはりとても悲しい気持ちになります。以降にお願いしたい気持ちは大きく減じてしまいます。

それがわかっているので、無理をして仕事を受けてしまう人もいます。誠実で一生懸命な人ほど、そういう傾向があるようです。しかし、最後はパンクして、身体も心も病んでしまう、というケースもときどき耳にしました。

こうなってしまったら、仕事はなかなか再開できないし、発注者からの信頼を取り戻すにも相当時間がかかります。

私も若い頃は、「せっかくお声がけをもらったのだから」と週末を削って仕事を引き受けていたこともありました。若い頃なら体力もあるし、多少は無理も利く。仕事を広げるという意味でも、多少は無理をするという選択肢もあるかもしれません。しかし、長続きはできない。体力は年とともに失われていくのです。

私は本を月に1冊書いていますが、逆にいえば月に1冊しか書きません。多くの場合、3、4カ月先まで予約が入っています。もし2カ月後に原稿が欲しい、ということになったら、もうその仕事は受けられないのです。そうやって何冊もの本の仕事をお断りせざるを得ませんでした。そして、そういう本に限ってベストセラーになったりするわけで、「ああ、あのときに引き受けていれば」などと後悔することもかつてはありました。

しかし、今は後悔することはまったくなくなりました。そして、勇気を持って、しっかり断るようにしています。スケジュールが合わなかったのであれば、その案件とは縁がなかったのだ、と考え、すっかり忘れて切り替えるようにしています。引き受けておけばよかった、などと後悔しても仕方がないのです。それよりも、ご縁のあった案件を一生懸命やればいい。

こういう判断をするためにも、しっかりスケジュール管理を行うことが大切です。自分の仕事がどのような状況になっているのか、把握できていなければ、仕事の余力も判断できません。これでは、自信を持って仕事を引き受けられない。フリーランスには、そのときどきの仕事状況の管理能力が厳しく問われるのです。

20 SNSに時間を割くより、あなた独自の「タグ」作り

チャンスをもらっていい仕事をすれば、紹介につながる、と書きましたが、では最初のチャンスをどう手にするのか。このチャンスがたくさんあるほど、紹介してもらえる機会も増えてきます。私がひとつ意識していたのは、「見つけてもらう」機会を増やすことです。例えばメールのやりとりをするときに、名前や住所の下に仕事の実績などを書いておく。これだけでも、誰が読んでどう反応するかわかりません。

私はやっていませんが、名刺に実績や得意領域を書いておく、というのもひとつの方法でしょう。自分が何をやっているのかを、見つけてもらいやすくするのです。

「見つけてもらう」ときにポイントになるのが、「自分の特長は何か」です。

私はこれを「タグ」と呼んでいます。

フリーランスの駆け出しの頃、コピーライターだった私に次々と紹介がやってきた理由は、今では容易に想像できます。当時、最も若いフリーランスだったからです。新し

い存在、フレッシュな存在。そういう私のイメージが、「ちょっと一度、仕事してみようかな」につながっていったのでしょう。しかし、ある程度、仕事をするようになったら、このタグはもう効力を持たなくなります。そして数年で、私は次のタグを手に入れていました。それは「金融に強い」というタグでした。

私がフリーランスになった1994年は、バブル崩壊の影響がじわじわ始まった年。広告の市場は冷え込んでいました。そんな中で積極的に中途採用をしていたのが、損害保険会社でした。その広告のコピーライティングを次々に受けているうちに、「あの人は金融に強い」というイメージが（勝手に）作られ、証券会社や生命保険会社、さらには銀行と、広告制作の仕事がどんどん広がっていったのです。

しかも当時、リクルートグループはマネー雑誌を創刊しようとしていて、そこにもプロジェクトのメンバーとして呼ばれました。ここから広告制作プロダクションや大手広告代理店ともつながっていったのです。ここでも「金融」タグが効きました。さらには金融業界の広告を集めた情報誌で、巻頭の特集記事を任されることにもなりました。

一方で編集領域では、難しい経営者取材をたくさんこなしていたことが評価されて、「インタビューができる人」というタグが生まれていたようです。実際に、著名人のインタビューの仕事が増えていきました。また、求人広告の領域でいろいろな会社に取材をしていたので、「経済全般がざっくりわかる人」というタグもできました。

そして、その後は「ブックライター」というタグ、同時に著者としてのタグもできていきます。昔働いていた「アパレル」がタグになって大手小売業のトップ経営者の本の仕事がやってきたり、よく訪れている「ハワイ」に関わる仕事をしたり……。こんなふうにして、タグが仕事の広がりを作ってくれたのです。

発注者からすれば、仕事を依頼するときに、「なぜこの人にお願いするのか」という依頼の理由が必要です。そこで生きてくるのが、タグです。タグに独自性があればあるほど、お願いする理由がはっきりします。お願いされやすくなる、ということです。実際、私も人に仕事を紹介することがありますが、誰にお願いしようかと考えたとき、タグで考えます。野球選手のインタビューなら「野球好き」というタグ、メーカー経営者のインタビューなら「元メーカー勤務」はタグになります。

タグはひとつである必要はありませんが、いくつものタグを覚えておいてもらうことは難しいと思います。また、タグがずっと通用するとは限りません。フレッシュさはやがて廃《すた》れるように、イメージはどんどん変化していくからです。

「知ってもらう」「見つけてもらう」という点で、今はインターネットやSNSを活用するのも有効です。ここでも、タグはより印象を残すことにつながります。

ただ、私自身はインターネットは得意ではありませんでした。めんどくさがりやの私がウェブサイトを作ったのは、フリーランスになって20年を過ぎた頃でした。

SNSをちゃんとやっているのは、フェイスブックくらい。仕事やプライベートな情報を発信しています。塾やセミナー、講演などの告知ツールとしても活用しています。

「知ってもらう」「見つけてもらう」場は、あればあるほどいい。それはそのまま、仕事をお願いされる可能性につながっていくから。

ただ、フリーランスになったら、ウェブサイトやSNSを駆使しなければいけないのではないか、と考えている人もいるかもしれませんが、そんなことはありません。得意な人はやればいいと思いますが、苦手な人がここに時間をかける必要はないと私は考えています。名刺と同様、そこに本質があるとは思えないから。

そもそも営業するために、仕事をしているのではありません。私はSNSに時間を取られるよりも、よりよい仕事をするためにこそ、時間を使いたい。目の前の仕事にこそ、懸命になりたい。これもフリーランスとしての、ひとつの考え方だと思います。

21 簡素なものでも公式サイトだけは作る

講演やセミナーも、思いも寄らぬところから声がかかるものです。

最初の講演の仕事は、フリーランスになって13年目。取材対象の大学の先生から依頼を受けました。後には著書を読んでくださった高校の先生から、出版社を通じて授業のご依頼をいただきました。また、娘の学校の先生のつながりから、私立小学校連合会の国語部会で話をさせていただいたり、日本広報協会から依頼が来たり。

他にも、知人のつながりから企業で講演したり、高校の同級生の税理士からの依頼で故郷で講演したこともあります。このときは、母や姉も故郷の駅前ホールに来てくれました。また故郷の市役所に勤める幼なじみを通じて、市の職員向けの広報セミナーをご依頼いただいたこともあります。故郷での講演やセミナーの際は、実家に泊まってネクタイを締めて仕事に向かったのですが、出がけには、仏壇に手を合わせて感謝を伝えたことを覚えています。

また、ライターを育成している宣伝会議の「編集・ライター養成講座」からもお声がけをいただいて、もう10年になります。

このように今でも多方面から講演やセミナーのお声がけをいただきますが、新しい依頼の多くが、今は公式ウェブサイトの問い合わせメールからです。

先にも書いたように営業をまったくやっていなかったこともあって、長らく公式サイトにも関心はなかったのですが、この問い合わせ窓口からは講演のみならず、執筆やブックライティングの依頼もやってきます。これは私には意外でした。

後に改めて取材で知ることになるのですが、今は多くの発注者がウェブサイトで情報を探しているのです。「こんな講演が企画できないか」「こんな仕事をお願いできないか」となると、まずはウェブ検索で探るのです。

実際、そんなふうにして探り当てられ、メッセージをいただくことが少なくありません。もし私が公式サイトを作っていなかったら、仮に私という人物について情報を探り当てたとしても、連絡の取りようがなかったに違いありません。これでは、大きな機会の損失です。

私は公式サイトでの情報発信をしていませんし、SEO（検索上位表示）対策はもちろん、ブログも書いていません。集客するようなことは何もしていないのです。それでもアクセスの入り口としては、重要な意味があったことに気がついたのでした。

インターネットが苦手な人でも、公式ウェブサイトは必ず作ったほうがいい。簡易的なものでも、メンテナンスが行き届かなかったとしても、窓口として機能することになるでしょう。

そしてもうひとつ、こちらは情報発信のツールとして最も機能してくれているのが、SNSです。先にも触れた通り、私はちゃんとやっているのはフェイスブックくらいですが、どんな本を出したか、どんな記事を書いたかなど、多くの人の目に触れる機会を作れますので、極めてありがたいツールになっています。

もちろん仕事の発注者ともつながっており、私の仕事を知ってもらう機会になっています。投稿は週に5、6本。異業種の友人たちからは、「さすが書く仕事の人の投稿は違うね」などと言われたこともありますが、特別なことはしていません。

気をつけているのは、あくまでファクトを伝える、ということ。できるだけ事実だけを書く。背伸びしたり、自慢にならないよう気をつけています。

また、仕事のPRばかりを投稿している人に対して私自身があまりいい印象を持たないので、プライベートな投稿も織り交ぜるようにしています。そうすることで、人間性やパーソナリティも含めて知ってもらう機会になる（ちなみに、この本の執筆中にツイッターを始めてみました）。

あと心がけていることといえば、問い合わせをもらったとき、すぐにレスポンスができるよう、制作実績とプロフィールをワードファイルであらかじめ作っていることでしょうか。適宜、新しい実績を加えて、メンテナンスもしていく。この実績等のファイルは、人に紹介されたときや初めての仕事をするときに役立っています。

同業者の中には、ブログやｎｏｔｅなどでいろんな情報を発信している人もいます。そこから書く仕事や講演の仕事につながるケースもあるようです。フリーランスになる前の助走期間のＰＲとしても、有効な手段になるでしょう。

22 リモート時代に発注者とフリーランスが出会える機会

新型コロナウイルスは、仕事の獲得という点でも影響を与えたようです。出版の世界では、飲みの場などで企画や担当ライターが決まるといったことが多々あったからです。それができなくなってしまった。

実のところ、飲み会など、そうした集まりにほとんど行かない私には、コロナの影響はさほどありませんでした。

新規の仕事に関しては、これまでと変わらず、過去に仕事をした人やそこからの紹介があり、さらには公式サイトから問い合わせが来たり。フェイスブックで「タグ」に反応されたのか、フェイスブックメッセンジャーを通じて仕事の依頼が来たりしています。

ただ、私のような飲み会にも行かない仕事の引き受け方はむしろ珍しいようで、発注者もライターも出会いがなくなって困っている、という声がコロナ禍で私の耳にも入ってきました。

そんな中、大手出版社からネットベンチャーに転身されたベテラン編集者から、私にも協力してほしいと声をかけられたのが、「ライターミートアップ」という企画でした。

端的にいえば、リアルで集まることができないので、オンラインで企画をやりとりしよう、という場です。ただ、ワイワイやったところでオンラインでは収拾がつかない。そこで、ウェブメディアの編集者3人に、10人のライターがプレゼンターとして企画提案する、という場が作られたのでした。

参加したいライターは、事前に主催者にやってみたい記事の企画を提出します。その中から有望に思える10人をプレゼンターとして選びます。そして、ミートアップの当日に直接、オンライン上でプレゼンテーションする。持ち時間は1人3分です。

残念ながらプレゼンターの選から漏れてしまった人や、ミートアップがどんな場なのかを体験だけしてみたいという人は、オーディエンスとしてミートアップに参加できます。そして、様子をつかみ、次回のミートアップに挑めるわけです。

お声がけをもらったので、私の主宰するブックライター塾の卒塾生に声をかけました。私も初回に参加し、プレゼンター10人の1人に選ばれ、企画提案もしました。

企画提案では、その場で編集者との質疑応答があります。本当に実現可能なのか、などの視点からいろいろな質問が飛び、それに応え、最後に企画の評価を受けます。多くのケースで編集者とライターは初対面。これが「見つけてもらう」場になるわけです。

そしてミートアップ後は、そのままオンラインで複数のグループに分かれて1時間ほど懇親会をします。ここでまた、いろいろな話をして顔つなぎができます。その後は、双方でメールのやりとりなどをします。

企画提案は、その場でゴーサインが出るわけではありません。ただ、興味を持ってもらえれば、そこでつながりが生まれますし、関連の企画があれば、声がかかる可能性は高まります。実際、参加した多くの卒塾生は、次々に新たなウェブメディアで記事デビューを果たすことができました。

提案した企画だけではなく、別の企画でも声がかかったという卒塾生もいますし、複数のメディアで連載がスタートした卒塾生もいます。コロナでリアルに人と会いづらい状況の中、オンラインを活用して「見つけてもらう」場を作るという意味で、とても素晴らしい取り組みになったと感心したのでした。

ライターミートアップは、ライターと編集者をつなぐための場作りでしたが、こうした試みは他の業界でも可能なのではないでしょうか。リモートワークが普及しつつある今、企画提案をする機会、発注者が受託者を見つける機会になり得るからです。

実際、オンラインセミナーなどを活用して、似たような場が作られているケースもあります。リアルと違って、オンラインは参加のハードルが大きく下がります。それだけ多くの人に参加してもらえるチャンスが出てくる。うまく設計すれば、多くの人が仕事の機会につながる場になるのではないでしょうか。

ただ、ライターミートアップでもそうでしたが、一度のやりとりですべて完結することはなかなかない。終わった後にオンライン懇親会もありますし、個別メールなどでコミュニケーションを図っています。そうしたアフターケアの設計が大事になります。

発注者も人を探しているし、フリーランスも仕事を欲している。そのマッチングがうまくできる仕組みはこれからもっともっと生まれていくのでは、と感じています。こうした新しい仕組みは、どんどん活用していったほうがいいですし、自分で積極的に作ってみてもいいでしょう。参加のハードルが低い仕組みなのですから。

III

お金と時間との向き合い方

23
お金をあえて分不相応に使う

フリーランスになって、お金とはなんぞや、ということについて、よく自問自答するようになりました。というのも、あっという間に会社員時代の収入を超え、それどころか、3倍、4倍、さらにはもっと稼げるようになったからです。

だから、「ああ、これは危ないかもしれないぞ」と思いました。これは人にもよりますが、私はお金があると安心してしまうタイプだということがだんだんわかったからです。満足してしまう。それ以上の仕事へのモチベーションが出てこないのです。

そこでひとつ決めたことがありました。それは、入ってきたお金はガンガン使ってしまうということです。だから分不相応な家に住み、ちょっと驚かれるような車に乗り、おいしいものを食べ、ハワイに旅行に行ったらスイートルームに泊まりました。

斜陽の出版業界にしてはよく稼ぐと言われることがありますが、私の自慢はそれよりも頑張って使っていることです。入ってきたお金は、どんどん使う。しかし、だからこそ、入ってきているのだと思っています。金は天下の回り物、とはよく言ったものです。

そして使ってしまって蓄えが少ないので、常に危機感、飢餓感を持つことになりました。仕事をもっと頑張らないといけない、もっと稼がないといけない、という状況に常に追い込まれることになったのです。そして余裕が出そうになると、また思い切って使う。衝動的に家を買い、貯金がほぼゼロになったこともありました。

精神的には緊張感を強いられましたが、得られたものは大きかった。常に頑張らないといけない、という状況に自分を追い込むことができただけではありません。分不相応な暮らしをしたおかげで、見えてきた世界がありました。

それこそスイートルームに泊まってみないと、そこに泊まっている人の気持ちはわかりません。外国の車に乗らなければ、そうした車に乗る人の気持ちはわからない。一流レストランに行かなければ、そこで食事をする人の気持ちはわからないのです。

取材でも、原稿の執筆でも、交友関係を広げていく上でも、これは大きな意味を持ちました。結果的には自分へのいい投資になったと思っています。単に贅沢をしたのではなく、役に立つお金の使い方になったのです。

一方でお金については、取材でも成功者と言われる方々によく尋ねていました。だんだんわかってきたのは、お金が人を幸せにするとは限らない、ということです。

それこそ、宝くじに当たった人の末路を描いたベストセラー本がありましたが、自分に準備ができていないときに分不相応なお金を手にすると、ロクなことにならないのです。逆に、人生を滅ぼしかねない。

だからフリーランスとして働くときにも、お金を求めすぎるのは危険だと思いました。お金は後から入ってくるもの、くらいの感覚でちょうどいい。

そもそもお金にこだわりすぎるのは、格好のいいものではありません。それこそ企画の話の前に、まずはお金の話、条件の話から、というのでは相手も興ざめでしょう。そしてこういう評判というのは、あっという間に伝わるもので、「あの人はお金にうるさい」などという噂が広く定着しかねないのです。

だから、お金を求めすぎない。

そしてお金がうまく入ったときには、謙虚になる。もとより実力と収入が必ずしも一致するわけではない、と私はずっと感じています。例えば本が売れたりしたら、たまたまいい企画、いいタイトルに出会えただけ、と思うようにしています。

おかしな話ですが、求めるとやってこないのが、お金だったりもします。20年以上フリーランスをやっていると、そういう印象がある。それもあって、今は細かい売り上げの計算はしません。会社の経営としては、よろしくないのかもしれませんが、多くの従業員を抱えたり、仕入れをしたりする仕事ではありませんので、ちょうどいいと思っています。

取材をしたことがある孫正義さんや柳井正さんは日本を代表する起業家ですが、彼らの目的は間違いなくお金ではないでしょう。なぜなら、もうとんでもない暮らしができるようなお金を手にしているから。それでも、彼らは誰よりも働いています。

逆にいえば、お金が目的でないからこそ、彼らは今も高いモチベーションで仕事ができている。お金が目的なら、とうに引退していてもおかしくないでしょう。

アメリカでは、ベンチャーで起業して大成功し、巨額の資産を得て一生遊んで暮らそうとフロリダに行ったものの、何カ月も経たないうちに戻ってきてしまった、という話がよくあるとのこと。お金では、やはり人は満たされないのです。

フリーランスも同じでしょう。モチベーションは、お金でないところに置いたほうがいいのです。

24 自分のギャラの見積もり方

自分の報酬をどうやって決めればいいのか、という質問をお受けすることがあります。会社員時代は、上司と会社が給料を決めていました。しかし、フリーランスになったら、自分で自分の報酬を決めなければなりません。

コピーライター、ライターとしてフリーランスになった私の場合は、取引先によって報酬が決まっているケースも少なくありませんでした。例えば、雑誌であれば、ページ単価いくら、文字数でいくら、といった具合です。書籍の場合は、印税などが決まっています。この場合は、そのルールに従います。

また、プロジェクトなどでは、あらかじめ予算が決まっていて、フィーが確定しているものも少なくありません。このくらいでやってほしいが可能か、というケースです。この場合も、そのまま従うことがほとんどです。この報酬ではできないと思えば、お断りすればいいだけの話です。

問題は、「いくらでできるか、お見積もりが欲しい」と問われた場合です。

私もフリーランスになったばかりの頃、この問いかけにとても戸惑いました。自分で欲しい報酬を考えることは基本的になかったからです。その後、なるほどこうやって見積もりを出せばいいのか、という話をあるフリーランスの方から取材で聞きました。これはいい、と思いました。やり方は、極めてシンプルです。

まずは、自分が欲しい年商を掲げます。それを12分割して月間の売り上げを出します。ここで、月間労働日数で割ると日給が出てきます。この日給をベースに、そのプロジェクトの仕事に何日かかるかを見積もって概算を出せばいい、というものです。

見積もりを求められて出したら、見積もりの根拠を問われることになります。どうしてこの報酬なのか、理由が必要なのです。私のような、特に仕入れもない仕事、交通費とパソコンや文房具、資料以外に原価と呼べるものがほとんどない仕事では、積算根拠を示すことが難しいと思っていました。しかし、これなら明確に出せます。

私の場合は、年間だいたい3000万円前後の売り上げをずっと続けているので、これを12カ月で割ると、月にざっと250万円。月間労働日数を20日で計算して、1日12万5000円。これが私の希望日給です。3日かかる案件だと思えば、日給の3倍を基本の見積もりとします。もちろん、そのままずばりの計算式にする必要はありません。ただ、ひとまずの目安は作れます。「こんな見積もりでいいんだろうか」「安すぎたんじゃないか」「高すぎたんじゃないか」などという不安からも逃れられます。

あとは発注先との交渉になりますが、個人的にはお金に関して、あまりとやかく言わないことにしています。お金の話がややこしくなったときに限って、いろいろなことがうまくいかなくなったりしたからです。

最終的な目的は、プロジェクトをいかに成功させるか、そこで役に立てるか、に尽きます。まさに、お金は後からついてくるもの、なのです。だから、見積もりや目安は出しますが、絶対に、とは言いません。

実際、「今回は予算がなくてごめんなさい」と想定額の報酬にならないこともあります。それでも、余程のことでもなければ、お引き受けすることが少なくありません。

実のところ、仕事はそれきり、ではないのです。「今回は申し訳なかった」と言ってくださった方の多くが、「今度は予算が取れました」と次にチャンスをくださることが少なくありませんでした。なるほど人生は帳尻が合うのだな、と思ったことは一度や二度ではないのです。なのにもし、「お金に納得がいかない」と仕事を降りてしまっていたら、次のチャンスはなかったわけです。「損して得取れ」ではありませんが、一見、損に見えることの向こうに、実は得が潜んでいることが何度もあったのでした。

ただし、発注者を見極めることは重要です。「この人なら、この報酬で仕事をしてもいい」と思える発注者かどうか。そこは、自分で見極めないといけません。これは見積もりを出す以上に難しいことですが、ヒントはたくさんあります。例えば、発注者がその案件についてどのくらい思い入れがあるか。適当な仕事をしていそうな人は、案外すぐにわかるものです。一生懸命に仕事をしようとしているか。信頼に足る人物か。

それこそ私は「顔つき」で人を判断することが少なくありません。悪相、という言葉がありますが、人の考えていることは自然に顔に出てしまうものだからです。また、依頼のメール文から漂ってくる場合もあります。言葉は人柄をよく表すのです。

また、人との付き合いは、相性もあります。残念ながら、合う合わない、がある。そこはシビアに見極める。合わない人と仕事をしても、どうにもかみ合わないものです。

そして発注者とお金の話はなかなかしづらいものですが、仕事がスタートする前までに話が出てこなかったなら、「お金の話はちゃんとしておきましょう」と伝えたほうがいい。そのほうがお互い気持ち良く仕事ができるからです。

25 個人事業主か、法人化か

よく聞かれる質問として、もうひとつ「フリーランスは個人事業主がいいか、法人にしたほうがいいのか」があります。これについては、フリーランスとして自分はどうしたいのか、という目標によると考えています。

私は個人事業主としてフリーランスをスタートさせています。税務署に開業届を提出し、後に青色申告も届け出ました。青色申告をすると、白色申告よりも確定申告時の書類が増えてしまいますが、税的に少しだけおトクになります。これは、初めて確定申告をしたとき、税務署で税理士にアドバイスをもらったためでした。

フリーランス初年度の決算は、失業期間も長かったので200万円ほどだったと記憶しています。

経費のこともよくわからなかったのですが、確定申告時に税務署で相談した税理士から「仕事は何を使ってやっているの?」と問われ、「もともと持っていたワープロです」

と伝えると、「じゃあ、それを減価償却しましょう」と経費計上について教えてもらいました。

その後、売り上げがどんどん伸びていき、ちょうど12年目、本が売れたこともあって4000万円を超えそうになりました。そのタイミングで、法人化することにしました。

当時、独立情報誌の仕事をよくしていて、売り上げがある程度の規模になったら法人化したほうがいい、と専門家に取材で教わっていたからです。資本金300万円で有限会社を作りました。

ただ、率直に言って、私の仕事には法人化のメリットは税的にはほとんどなかったと思います。知人に紹介してもらった今の顧問税理士からも、所得税は低くなってきているので、かつてのように法人税との差異は大きくなく、法人にしたから大きな税的メリットがあるわけではない、と言われました。

それまでは自分で確定申告をしていましたが、法人にしてからは税理士にお願いするようになったので、顧問報酬や決算書類の作成などのコストがかかるようになりました。これが、年間100万円近くで、それなりの額になります。

また、法人にしたことでキャッシュフローを意識しなければならなくなりました。個人事業主の場合、売り上げは最初から源泉徴収がなされます。例えば10万円の仕事をしても、実際に入金されるのは約9万円。発注先が、約10%の税金を先払いしてくれるのです。そして、必要経費を引くなど確定申告をすることで、この税金の一部が戻ってきます。

一見、先にお金を引かれてしまうことは痛いとも思えますが、法人になって源泉徴収がなくなり、ひとつやっかいなことがわかったのでした。税金の後払いです。決算後、税金を自分で払わなければいけない。そのために、それなりの額のお金をきちんと手元に置いておかねばならないのです。

私は自分の会社から役員報酬をもらっていますが、個人の所得にかかる所得税も自分で払わないといけません。会社の消費税も、半年に一度、先払いです。年間で幾度も税金の支払いが発生し、キャッシュフローの管理が必要になるのです。

個人事業主のときは、払った税金が戻ってくるだけだったので、キャッシュフローについて考える必要はありませんでした。むしろ、後で戻ってくる喜びが大きかった。

法人化した今は、常に税金の先払いに追われているような印象があります。私はお金の計算は得意ではないので、これはけっこうな負担。個人の報酬を上げれば所得税に加えて住民税も上がるので、そのバランスがまた難しい。

ただ、法人にして良かったこともあります。法人でなければ、取引できない会社があるからです。直接取引の場合は法人に限る、としている会社もあります。とりわけ大企業がそうです。

もちろん、間に代理店やプロダクションなどの法人が入ることで、最終的には大企業のプロジェクトにも関われるのですが、直接取引できたほうが話は早い。また、社員を雇って組織を大きくしていくなら当然、法人化したほうがいいでしょう。

このあたりは、事業内容にもよりますが、どんな仕事をしていきたいか、社員は増やすのか、といった将来の目標によって、法人にするか、個人事業主でいくか、考えたらよいと思います。昔と違い、資本金や設立費用など法人にするコストはどんどん低くなっています。

それと私の場合、もうひとつ法人にして良かったことがあります。それは、顧問税理士からも仕事の縁が広がったことです。法人化によって思わぬつながりも起こり得る、というのもひとつの事実です。

26
将来への積み立てと資産運用

自分に危機感・飢餓感を持つよう、お金は過分に使ってしまうと書きましたが、もちろん最低限の備えは必要です。そうでなければ、いきなり生活が立ちゆかなくなることだってあるからです。

最も恐ろしいのは、突然の病気や怪我、事故です。フリーランスは、会社員のように毎月、決まった額の入金があるわけではありません。仕事ができなくなったら、収入は完全に途絶えます。しかも、フリーランスは誰も助けてはくれません。自分でしっかり備えておくしかないのです。

そんなわけで、3カ月から6カ月は、何もしなくても暮らせるだけのお金はしっかり持っておくようにしていました。貯蓄を住宅購入の頭金に充ててしまった例外的な時期もありますが、これだけは心がけてきました。

幸いにも、病気などで長期で仕事をストップせざるを得ないような事態は一度もありませんでしたが、やはり備えは大事なことだと思っています。

同様に、保険も重要です。入院保険、がん保険など万が一の備えはしておいたほうがいいでしょう。家族のため、という点では生命保険も同様。家を買ったのは、万が一のときに団体信用生命保険を使って家族に家を残せるからでもあります。家族にしてあげられることは、どんどんしておいたほうがいい。また、私はやっていませんが、病気や怪我で仕事ができなくなった際の収入減を補う所得補償保険も検討の価値はあります。

そしてもうひとつ、これは高校の同級生の税理士に教えてもらったのですが、長期的な備えのひとつとして最適なものに、中小企業を支援する国の機関・独立行政法人中小企業基盤整備機構の小規模企業共済があります。言ってみれば、中小零細、個人向けの退職金代わり、あるいは万が一のときのための積立システムです。フリーランスは誰でも入れますし、法人化した後の役員でも入れます。

月に最大7万円を掛けることができ、それを65歳まで続けられます。65歳になったら、まとまったお金として受け取れるわけです。

最大のポイントは、掛け金のすべてを税額控除できること。月7万円の最大額なら年84万円、所得からまるまる控除できるのです。これは税的メリットとして、とても大きい。金額は、上限7万円で好きな額を選べます。加入月額によって利率が変動し、大きな掛け金だとかなりのプラスが期待できます。放っておいたら、お金はどんどんなくなるものです。私は最大額を掛け、強制的に引き落としてもらうことにしたのでした。

フリーランスは定年がありません。元気なうちは、いつまでも働き続けることができる、というのはフリーランスの大きな魅力ですが、そうはいっても老後への備えもしておかないといけないでしょう。

私は20代で会社を離れ、その後は国民年金を支払ってきたので、受け取れる年金額は微々たるもののはずです。あとは自分で備えていくしかない。単純計算で月7万円で年間84万円。10年で840万円、20年で1700万円、30年で2500万円ほどの積み立てになります。小規模企業共済のネックは、貯蓄と違い、退職金代わりなので基本的に65歳までは引き出せないことです。ただ、自分の掛け金を担保に、低金利で融資を受ける仕組みもあります。これもまた、万が一のときには役立てられそうです。

ちなみに、私はいわゆる資産の運用はまったくやっていません。ときどき笑い話にしているのですが、定期預金すら組んだことがありません。すべては普通預金にそのまま入っています。マネー誌の仕事もしていましたし、投資信託や株式についても広告や書籍でたくさん仕事をしていたので、資産運用についてはそれなりの知識を持っています。しかし、一切やりませんでした。

例外は、縁あって2つの銘柄の株式を保有したことでしたが、なんと2銘柄とも会社が破綻、紙くずになってしまった経験を持っています。

資産運用をしない理由は2つです。ひとつは経営者へのインタビューも多く、インサイダー取引のようなものに巻き込まれたら、周囲に迷惑をかけかねない、ということ。

そしてもうひとつ。投資信託を買うくらいなら関係がないのですが、資産運用に頭を巡らせている時間があれば、いい原稿を仕上げたいからです。

リスクとリターンをどう考えるか、どこに投資するか、など資産運用について考える時間より、その時間を使って仕事をしたほうが、よほど「利回り」はいいと私は思っています。そもそも濡れ手で粟のような投資などありません。

フリーランスにとって、最も利回りがいいのは、仕事をすること、自らを成長させていくことだと私は考えます。だから、私は資産運用はやりません。

というより、そもそも資産運用に自分は向いていない、と思っているところもあるのですが、もちろん個人の考えを大事にしてほしいと思います。

27 「時間割」を作って1時間単位で動く

フリーランスになって、会社員時代とは、まったく変わったことがありました。時間に対する意識です。時間には極めてシビアになりました。無駄な時間は絶対に過ごしたくない。効率良く時間を使うにはどうすればいいのか、といつも考えるようになったのです。

必要とされれば、できるだけ仕事を受けていたので、「時間さえあれば、これができる、あれもできる」という意識を常に持ち、1分1秒も無駄にしたくない、と思うようになっていきました。とにかく忙しくなったからです。

最終的に私が行き着いたのは、「時間割」で管理することでした。仕事のプロセスを分解し、1時間ごとのフローに分けるのです。それを小学校の授業のように1時間のコマを作って、どんどん放り込んでいく方法です。

よく聞くのは、スケジュール帳に外出と打ち合わせのアポイントしか書いていない、という声です。では、それ以外の時間はどうしているのか。実はスケジュール管理ができていないのです。私は時間割にして、しっかり管理することにしたのでした。

ヒントになったのは、中学高校時代の定期試験、さらには大学受験の勉強でした。私は当時から最短の時間で最大の効率を出せないか、いつも考えていました。そのときに自分なりに編み出したのが、時間割管理法でした。

まずは定期試験の1週間前から、学校が終わってから寝るまでの間で勉強に使える時間をすべて洗い出します。そして、それをコマ割にして時間割を作る。そこに、1時間でできる内容をどんどん放り込んでいくのです。

例えば、定期試験までに各科目をどれくらい勉強しておきたいか、算出します。英語は何時間、数学は何時間、といった具合。大事な科目から優先して時間を決め、作った時間割のコマにランダムに入れていくのです。こうして作った時間割を、あとは試験の前々日までの6日間、ひたすらこなしていくだけ。そうすればやるべきことはすべて終わります。前日にまとめをやっておしまい、です。

大学受験では、これを長期バージョンにして作り、同じ参考書を繰り返し、勉強しました。おかげで本格的な勉強は高3の5月から始めたのですが、現役合格を果たすことができたのでした。この成功体験があったので、フリーランスの仕事にも活用することにしたのです。

今は本を書く仕事が中心になり、同じ仕事に長時間かかることも多いので、細かく1時間ごとのコマ割を作る機会は減っていますが、雑誌のインタビュー記事などを大量に引き受けていた時代は、1時間ごとのコマ割ですべてのスケジュールをコントロールしていました。

よく、締め切りに追われませんか、という質問を受けますが、私には無縁でした。なぜなら、組んだスケジュール通りにやっておけば、締め切り前に確実に原稿は仕上がっているからです。そういうスケジュールを組んでおけばいいだけの話なのです。まれに想定外に時間がかかることもありますが、すぐにコマ割のスケジュールを再調整すれば問題は生じません。そのために、週に1~2時間はバッファーを設けておきます。

また、フリーランスだと朝なかなか仕事を始められない、腰が上がらない、という相談もよく受けるのですが、時間割を作っておけば、それもなくなります。スタート時間が来れば、時間割通りにやらなければいけなくなるからです。

フリーランスというと、時間が自由、というイメージを持つ人も多いと思います。しかし、それはダラダラしてしまう時間も自由、ということを意味しています。自分で相当しっかり時間をコントロールしていくべきで、誰も管理などしてくれません。それこそ出社時間もなければ、退社時間もないのです。

そして1日は24時間しかありません。これだけは誰もが平等です。会社に勤めていれば、何時から何時まで会社に来てください、ということに（コロナ禍でなければ）なるのでしょうが、フリーランスはそれがありません。1日24時間をどう配分していくか。これを自分ですべて考えなければならないのが、フリーランスなのです。

その意味で、時間管理こそがフリーランスの命といえるでしょう。どれくらいうまくタイムコントロールができるか。無駄な時間を減らし、仕事効率を高めていけるか。他のことをしたい欲望に負けずに、自分を律して仕事に向かわせられるか。その一方で、仕事以外の楽しめる時間を作れるか。

フリーランスになってみてわかったことは、実は自由というのは意外に大変だ、ということ。むしろ縛りがあったほうが、それ以外の時間に自由を感じられたりするのです。すべてが自由のもとでは、時間管理に覚悟が必要です。それは、肝に銘じておいたほうがいいでしょう。

28
作業のスピードアップを付箋で叶える

会社員時代、私はコピーライターという制作職でしたが、先にも少し触れたように「数字の目標」を持っていました。売り上げ目標です。いくらだったのか、記憶がおぼろげなのですが、当時はこれがけっこうキツい数字でした。ひとつの仕事の単価が数万円でしたので、とにかく量で稼いでいくしかありませんでした。

当時は正直、限界だと思っていました。毎日、夜遅くまで働くこともありましたし、週末に仕事をすることもありました。こんな高い目標を作って、なんてひどいことをする会社なんだ、といつも怒っていました。ところがフリーランスになって、私は驚くことになります。数カ月のうちに、その2倍、3倍の仕事をしている自分がいたからです。実感したのは、こういうことでした。

「なんだ、できるじゃないか」

どうして会社員時代にできなかったことが、フリーランスになってできたのか。

ひとつは、仕事へのモチベーションがまるで違ったからです。もちろん、やればやっただけ稼げる、というフリーランスの魅力もありましたが、私には「必要としてもらえる喜び」という、何よりのモチベーションエンジンがありました。

声をかけてもらったら、できるだけ断りたくなかったのです。そこでどんどん自分に負荷をかけていきました。パンク寸前まで追い込まれても、なんとかやってみよう、という強い意欲が出たのでした。当時は30歳前後でまだ若く、無理もできる年齢でした。

もうひとつが、仕事の効率化に頭を巡らせたことです。ひとつの仕事をするにしても、何か仕組み化する方法はないか、と常に知恵を絞っていました。そうやって、仕事をプロセスで分解したり、時間割を作って管理することを思いついたのです。

振り返ってみれば、やはり大量の仕事に接したことが、こうした効率化の発想の原点になっています。後に「(仕事力を高める)ストレッチ」という言葉を外資系企業の取材で知るのですが、量であれ質であれ、自分に負荷をかけ、ちょっと背伸びして仕事を「ストレッチ」していかないと、力はなかなかつくものではないことを改めて知りました。

たくさんの仕事をなんとかしようとするところから、対応力も高まるのです。会社員時代もやっていたつもりでしたが、まだまだ甘かったのです。その意味では、フリーランスになったことが、私の仕事力を飛躍的に高めたといえます。

そして効率化・仕組み化の最たるものといえるのが、本作りです。毎月1冊本を書いている、と言うとよく驚かれます。私の場合、多くが他の著者の方の本を、本人に代わって書くブックライティングです。

10時間ほど著書に取材をして、1冊の本に仕上げていくのですが、取材した話をとにかく書いていけば本ができるわけではありません。取材では話はあちこち飛ぶのが普通ですし、当初の目次通りになどいきません。他の資料なども読み込み、いろいろな要素を整理して、本にまとめていかないといけないのです。取材の内容は文字起こしの専門業者にテキストデータにしてもらい、出力用紙を積み上げるとA4判で5センチほどの厚さになることも少なくありません。読むだけでも1日かかります。

これをベースにして本を作っていきますが、何も考えずにやろうとしたら、大変なことになります。5センチの資料のどこに、どんなことが書かれているのか。ただ積み上げた資料からはわからないからです。書きながら、その情報を分厚いテキストから逐一探し出すのは、至難の業です。

そこで私は付箋を活用する方法を編み出したのでした。まずは第1章、第2章などと目次を作り、それぞれに色を決めます。1章はブルー、2章はピンク、といった具合です。そして、分厚い文字起こしのテキストを読みながら1章に入る内容にはブルーの付箋を貼り、右端に目次と照らし合わせたキーワードをメモしていくのです。

これを5センチ分やれば、分厚い資料でも「どこに何章のどの内容が入っているのか」がすべて明らかになります。目次が「設計図」だとすれば、こちらは「部品」の倉庫、とでもいえるでしょうか。文章の素材となる「部品」を、色とキーワードで整理してあるので、いつでも取り出せる、というわけです。

付箋を貼るにも時間がかかります。5センチの資料にびっしり付箋が貼られている様子は、なかなかにインパクトがあります。そこでフェイスブックで付箋資料をアップすると、驚かれることになります。こんなことはとてもできない、と。

ただ、私にとってはまったく苦ではありません。カオス状態のものを整理するのが、実は私は大好きなのです。これは、ブックライターに向く素養のひとつだと思っています。

どうすれば効率的にできるか、スピードアップできるか。仕組み化はできないか。そんなことを考えて生まれた、フリーランスノウハウのひとつです。

29

「かかる時間の見積もり」の精度を高める

スケジュールのコントロールにしても、効率化や仕組み化にしても、大事なポイントがひとつあります。それは、一つひとつの仕事について、作業にかかる時間の見積もりを見誤ってはいけないということです。

例えば、私の仕事であれば、1本の原稿の執筆にどのくらい時間がかかるのか、常にイメージしておかないといけません。アウトプットの文字量が1000文字と3000文字と5000文字では当然、かかる時間は変わってきます。だから、引き受ける時点でしっかり聞いておきます。

また、インタビューの仕事では、取材後にインタビュー音源を聞き直して「取材メモ」を作るプロセスがあるのですが、取材時間が1時間なのか、2時間なのか、などによってかかる時間は変わってきます。取材対象者が猛烈なスピードでしゃべる人か、ゆっくりしゃべる人か、でも変わる。

取材が終わったら、改めてかかる時間の見積もりをしておかないといけません。そのためにも、私は仕事のプロセスを分解することにしています。3000文字の原稿1本、という単純な把握だけでは、かかる時間を見誤る可能性があるからです。

まずやるのは、1時間単位で仕事を「小分け」にすることです。小分けできれば、何時間必要なのかが見えてきます。それを1時間枠の「時間割」に当てはめていく。締め切りまでのスケジュールに組み入れていくのです。

インタビューの仕事であれば、「取材」「取材メモ作り」「構成・粗々で一気に原稿を書く」「推敲」というのが、多くの場合の小分けです。私の場合、3000文字なら1時間ほどで書いてしまうことがほとんどですが、そのまま完成原稿に持っていくことはありません。

文章というのは、書いているときには「熱く」なっているものです。そのまま提出すると、過度に熱いままの原稿になりかねません。そこで、「冷ます時間」が必要になると考えるようになりました。夜遅くに送ったメール文面を翌朝読み返してみると、ひどい文章だった……という経験がある人も多いでしょう。それと同じです。

だから粗々で一気に書いた後、少し時間をおいて（数日おくことが多い）、推敲というプロセスに入っていくのです。書いたときにそのまま一気に完成まで持っていったほうが手離れはいいように思えますが、クオリティや効率を考えると、推敲というプロセスを切り離したほうがいいことに気づいていきました。こんなふうにして、かかる時間を精査していったのでした。

そして、そのために必要になるのは、「一つひとつの仕事が経験則になる」という意識を持っておくことです。一つひとつの仕事について、どのくらいの時間がかかったか、どこに苦労することになったか、時間見積もりのポイントはどこにあったのかなど、常に意識をしておく。そうすることで、似たような仕事に出会ったときに、その経験が時間見積もりに生きてくるのです。

かつては、こういう仕事はこのくらいの時間がかかる、とメモに残していた時代もあります。時間を効率的に使っていくには、経験を生かさない手はないのです。

それこそ最もやってはいけないのは、何も考えずに、とにかく手当たり次第に手をつけてしまうこと。過去の経験を生かさず、時間見積もりも考えない。あれもやらねば、これもやらねば、と仕事をとっちらかしてしまうことになりかねません。これでは、いたずらに時間が過ぎていくだけです。

フリーランスになれば、仕事がどんどん増えていくことを覚悟しておいたほうがいいでしょう。だからこそ、まずは一呼吸おいて、仕事をどう進めるのか、考えるようにしたほうがいい。そのほうが結局は大量の仕事をこなせるようになるのです。

私の場合は今も忙しくなったら、「スケジュールをしっかり組むための時間」もスケジュールに組み入れることにしています。それをちゃんと考えていないと、大量の仕事はさばき切れないからです。

一方で、仕事を小分けにした時間割をしっかり作っておけば、その通りに仕事をやっていくだけです。計画ができているので、締め切りに追われる不安もなくなります。

スケジュールを考える時間を惜しんで、仕事の進め方の整理をしなかったり、適当な見切り発車でスタートしてしまうのは危険です。スケジュール管理や時間割については、拙著『プロの時間術』（方丈社）にも詳しく書いています。

30 「無駄な時間」を意図的に設ける

仕事もきっちりやりたい。家族と過ごす時間も大切にしたい。健康管理のために睡眠時間も確保したい。時には友達と楽しく飲んでリフレッシュしたい。趣味の時間も欲しい。のんびりする時間もあったら……。

誰もが時間をうまく使いたいと考えています。これがなかなか難しいわけですが、ひとつ大きなヒントをもらった取材がありました。

ある経営者の書籍をお手伝いしていて、興味深い話を聞いたのです。スケジュール帳には、みんな予定を書いています。そうではなくて、実際にどんなふうに1日を過ごしたのか、振り返りを書いてみるといい、というのです。

予定を書くのではなく、その日に起きたことを書く。仕事のみならず、プライベートな時間についても書いてみる。そうすると、意外なことがわかるといいます。1日の中で、「何をしていたかわからない時間」が出てくるというのです。ここにこそ、無駄がある。時間の使い方を修正していくポイントがある、というわけです。

何をやっていたのかはっきりしない、意味のない時間の使い方。これが一番、もったいない。この時間を意識的な時間に変えていけ、というのです。

意識しないまま、いつの間にか時間が過ぎていく、といえば、象徴的なのはテレビを見ているときかもしれません。一度、スイッチを入れてしまうとなかなか消せない、という声もよく聞こえてくる。

しかし、これは当然で、テレビ番組というのは、頭のいい人たちが、どうにかスイッチを消させないよう必死に知恵を絞って、できているからです。これは実際に、テレビ関係者に聞いた話です。それだけの努力が、テレビ局側では行われているのです。

だからこそ、ダラダラ見てしまうようなことが起きる。一方通行で、いつまでも受動的に見てしまう。

私は基本的に、ニュースとスポーツ中継以外のテレビを見ることはありません。それは、テレビを見て過ごす時間に意味を感じないからです。それが本当に自分の人生を豊かにしてくれるのか。それだけの時間を使う価値があるか、いつも自問自答することにしています。

テレビをほとんど見ない生活は高校時代からですが、私は何ら困ったことがありません。むしろテレビを見ないおかげで、たくさんの時間を無駄にせずに済んだと思っています。

そしてもうひとつ、知らない間に時間が過ぎていくといえば、SNSをはじめとしたインターネットが挙げられるでしょう。その魔力は、子どもたちを見ていればわかります。片時もスマホを手放せず、見続けています。

しかし、これも同様で時間を使う価値があるかを考える必要があります。SNSはフリーランスにとっては宣伝ツールでもあるので積極活用すべきですが、私はフェイスブック投稿は基本的に夕刻しかしない、見る時間は1日にトータル10分ほど、と定めています。そもそも何十時間使っても、すべてを見切ることなどできない、と思うからです。

無駄な時間を一切過ごすな、すべての時間を仕事に充てろ、などというつもりはまったくありません。むしろ、無駄な時間は大事であったりもします。ただし意識的に活用するのであれば、です。例えば、ボーッとする時間。私はこれをとても大事にしていて、時折スケジュールにも組み込んだりします。

取材で脳科学者に聞いた話ですが、人間（特に男性）はボーッとすることで脳の中を再整理しているのだそうです。パソコンを再起動させると情報を再構築してくれるようなもの。なのに、ボーッとする時間がないと再整理ができません（ちなみに女性はおしゃべりすることで再整理しているそうです）。

暇つぶしに四六時中、スマホをなんとなく触っている人がいますが、むしろやるべきは、スマホの電源を切ってボーッとすることなのです。これを意識してやるのです。ダラダラとスマホをいじっていることほど、もったいない時間はありません。

仕事に即、生きるからと、ビジネス書ばかりを読め、などとも私は思いません。実際、私はビジネス書はほとんど読みません。何を読めばいいですか、と問われると推奨しているのも、小説です。小説は、人生を豊かにしてくれると私は思っています。

問題は、何をしていたか、よくわからない時間を過ごして後悔してしまうことです。だから、そういう時間を把握し、自分で意識して使う時間に変えていく。ボーッとする時間をも意識して設ける。それができれば、もっともっと時間が生み出せるし、有意義な時間を過ごせるのです。

31 細切れ時間の活用と「一人ディスカッション」

新型コロナウイルスの問題が起きてから、移動スタイルを元に戻しました。それまでは電車で移動していたのですが、感染予防を兼ねて、車での移動を増やしています。

かつて拙著『職業、ブックライター。』（講談社）に書いたら、業界の人にはずいぶん驚かれたのですが、私は取材や打ち合わせの際、車で移動していました。荷物の多いカメラマンならともかく、ライターが車で移動するというのは異色だったようです。

東京都内に住み、都心部で取材をすることが多いものの、車での移動はとても快適で疲労感も小さかったからです。夏場に汗をダラダラ流しながら取材、なんてことはしたくなかった。そこで、ほとんどの移動を車でしていたのでした。

渋滞などで時間が読めないため早く家を出ることになるのですが、早く着いてしまったとしても、車の中で仕事をしながら待っていればいい。アポイントまでの「細切れ時間」ですが、こういう時間が意外に使えます。

というのも、アイデアを考えたり、企画を立てたり、構成案を出したりするとき、デスクにじっと座っているよりも、余程、浮かびやすかったからです。

シャワーを浴びているときやシャンプーをしているときに、突然アイデアが浮かんできた、という経験のある人は少なくないでしょう。実は、これには理由があって、アイデアは脳が油断をしているときに出てくるからです。

これを教わったのは、ある放送作家への取材でした。そもそも企画やアイデアを考えないといけないとき、脳に指令を出しておくと、ずっと考えていてくれるのだそうです。

ただ、問題はそれを自由に簡単に引っ張り出せないこと。

ところが、脳が油断をしているとき、ずっと考えていたことが、ポロリと出てくる、というのです。例えばシャワーを浴びているとき。あるいは、ランニングをしているとき。はたまた、車の運転をしているとき。

何か別のことに集中していると、そちらに気を取られて脳が油断する。そのときに、脳が考えてくれていたアイデアが降りてくるのです（経営者や著名人の多くがスポーツジムに通うのは、これも理由ではないかと思っています）。

先に、時間割で時間を管理することを紹介しましたが、私は企画やアイデアを考える時間は、時間割には含めません。1時間、ウンウンうなっていたからといって、アイデアは出てくるものではないから。脳は油断しないから。

そこで、移動時間のような「細切れ時間」をアイデア出しに充てていたのです。車での移動、そして到着してからの時間。運転しながら、いろんなことを考え、到着してから浮かんだことをメモに残していく。これは、とても楽しみな時間でもありました。

ただ、4年ほど前にライザップについての本を書き、運動の大切さを学んでからは、積極的に歩くことを意識し、徒歩と電車で移動することが多くなりました。こちらのほうが、時間も正確ですし、なんといっても企画やアイデアが浮かびやすくなったからです。

これにもまた理由があります。どうやってアイデアを出しているか、今度は世界的に知られるアーティストへの取材で、興味深いことを聞いたのです。芸術家ですから、ウンウンうなって企画を考えているのかと思いきや、違うというのです。アイデアは、ディスカッションで生まれるのだ、と。

企画やアイデアは脳の奥底にあるのだそうです。ディスカッションでとりとめもない会話をしているうち、何かの会話がトリガーになって、それが表に引き出せる、というのです。要するに刺激です。デスクでうなっても出てこないのは、刺激がないから、なのです。トリガーがないのです。

ディスカッションの相手がいればベストですが、フリーランスはたいてい一人。そこで私は、刺激やトリガーを外に求めることにしたのでした。家から駅まで歩いて行く途中で。電車の中で。ランチをとっているときに。コーヒーショップで。取材先に向かう人混みの中で。いわば、一人ディスカッションです。

意識していると、いろいろな刺激が目に飛び込んできます。これが何かのトリガーとなって、アイデアが浮かぶことが少なくないのです。

といっても、「仕事だ、仕事だ」と意識する必要はありません。むしろそれでは、脳が身構えてしまう。リラックスして、トリガーを受け入れてみる。あるいは意識をからっぽにしてみる。そうすると「細切れ時間」は貴重な時間に変わります。いろんなことが浮かんでくる。あとはそれを確実にキャッチするだけです。

32 脳の働きを高め、人生さえ変える「メモ」習慣

フリーランスになって、振り返ってみれば人生を変える習慣になった、と思えるものがあります。「メモ」の習慣です。

会社員時代も忙しくしていましたが、その2倍、3倍の仕事をすることになり、スケジュールや仕事の内容の管理に追われることになりました。そこで始めたのが、とにかく何でもメモすることでした。私には秘書などいませんから、すべてを自分で把握するしかありません。しかし、仕事量が増えていけば、いろいろなことをそうそう覚えていられるはずがない。そこで、どんどんメモに残すことにしたのです。

ずっと使っていたのが、A4判のスケジュール帳でした。1週間が見開きで見られるようになっていて、左ページがスケジュール、右ページが罫線のついたフリースペース。その週の仕事の案件はすべて右ページの下部に書き、納品したかどうか、請求書を出したかどうか、チェックボックスで管理しました。仕事の打ち合わせのポイントをメモし

たり、どこどこに資料を送付する、名刺を発注する、誰々にメールを送るなど、とにかく何でもメモしていました。

帰りにコーヒーを買って帰らないといけない、なんてプライベートなメモも、思い出したらすぐにメモ。プライベートなものは右ページの上部にメモしていました。

そしてアイデアメモ。今はスマホに記録していますが、かつてはスケジュール帳の右ページの空いたスペースを使って、企画やアイデアが思い浮かんだらすかさずメモするようにしていました。

メモする習慣は、「うっかり」をなくしてくれます。やるべきことをスケジュール通りに確実に終えることを可能にしてくれました。何よりメモしているので、「あれ、やらないとな」と、頭の中を常に仕事が占領しているようなことがなくなりました。必要がないときは、仕事のことをすっかり忘れることができたのです。

後の取材で、このメモの習慣がいかに重要だったか、思い知ることになります。大学教授への取材で、彼はこう断言したのです。

「人は必ず忘れる生き物である。それは本能的なプログラムなのだ」

人間は長い歴史の中では、実は多くの期間をジャングルで過ごしていました。ジャングルには、獰猛《どうもう》な動物、毒を持った爬虫《はちゅう》類や昆虫がうようよいます。そんな中で、少しでも集中力を欠いてしまうとガブリ、とやられてしまうのです。

そこで人間は、常に脳のスペースを一定以上、空けておくようになった。そうすることで、常に目の前のことに集中して危険から逃れることができていた、というのです。

脳のスペースを空けておくとは何かというと、忘れる、ということです。今も人間は変わっていない。脳のスペースを空けておくために、すぐに忘れてしまうようにできている。それは本能としてのプログラムだ、というわけです。

この話には、私は本当に合点がいきました。実際、何か思い浮かんだことがあったとしても、とても覚えていられない。だから、メモして頭の外に出していくしかないのです。外付けハードディスクのようなものです。外にメモをしておけば、安心して忘れることができます。覚えていなければいけない、と緊張したり、ああまた忘れてしまったと後悔したり、もなくなります。自分を責めなくて済む。

メモの利点は、他にもたくさんあります。拙著『メモ活』（学研プラス）にも詳しく書いていますが、文章を書くときにも、メモは欠かせません。メモのストックがあれば、書くことにも困らないのです。また、自分が感じたことをメモしておけば、コメント力も鍛えられます。いわば感性、感覚の言語化です。打ち合わせなどで、的確なコメントができることは、フリーランスとしても大きな武器になります。

さらに、ポジティブなことを言語化するメモ。例えば、将来の目標。欲しいもの。やってみたいこと。脳は勝手に考えてくれていると書きましたが、実は未来についても指示を出せば考えてくれるのだそうです。やりたいことを頭に思い描くと、それが実現するように動いてくれる。いわゆる「思考は現実化する」という考え方です。

しかしこのとき、目指すものがぼんやりしていたら、その実現はおぼつかないでしょう。できるだけ具体的なものが欲しい。だから、メモで言語化するのです。夢や目標をメモに書き出す。これもまた、メモの有効な使い方です。

IV

不安を乗り越える。殻を破る。

33 「何が不安なのか」をつぶさに洗い出す

フリーランスになったら、収入が不安定になる。後ろ盾がない。さぞや不安になってしまうのでは……。そんなふうに想像する人も少なくないと思います。実際、私自身も当初、不安がありました。とりあえず今は仕事が来ている。でも、これがずっと続いてくれるのか。5年後、10年後はどうなっているのか……。

幸運なことに、私は仕事で多くの成功者と言われる方々に取材ができました。そこで仕事にかこつけて、よくこんな質問を繰り出していました。

「(将来の)不安はないですか?」

その返答は驚くべきものでした。成功して、それなりの名声を得ている人たちは、もはや不安などなくなるに違いない、と私は思っていたのですが、まったく違っていたのです。どんなにうまくいっている人でも、不安はあると言っていたのです。

中でも、後に経済企画庁長官を務めた作家、堺屋太一さんへの取材は印象的でした。

彼はずばり「不安というのは、消えないんですよ」と断言されました。官僚出身でベストセラー書籍を世に送り出し、政府の要人、さらには閣僚までも務めた人の言葉だっただけに衝撃でした。

他にも、歌手として、テレビのバラエティ番組の司会者として、もう40年以上にわたってトップランナーとして活躍し続けているタレントの言葉も衝撃でした。明日、すべてのレギュラー番組を失ってしまうかもしれない、といつも思っている、というのです。もう何十年もずっと不安を持っている、と。

これほどの成功者たちが不安なのです。私のような人間が不安にならないはずがない、と私はホッとしたのでした。みんな不安なのです。誰もが悩んでいるのです。だから、不安は消えないと覚悟することにしました。

それこそ、会社員であれば安泰なのか、不安とは無縁なのか、といえば、そんなことはありません。かつて安定企業の代名詞だった銀行だって倒産したのです。新型コロナで思わぬ窮地に陥っている大企業も少なくない。絶対の安心などどこにもないのです。

もとより明日のことは、誰にもわかりません。どんなに不安になったところで、不安が解消されるわけでもない。考えても仕方がないことをいくら考えても意味がないのです。何も生まれない。その時間こそ、もったいない。

そして後に心理学者への取材で、こんな話を聞いて、なるほどと思いました。ネガティブな感情というのは、そこから目を背けようとしたり、それを追い出そうとしたりするほど、逆に強固になるというのです。

また不安をもたらしている理由についても教わりました。「ぼんやりしているから」です。はっきりしていないからこそ、不安になる。そこから逃れようとすればするほど、不安に襲われてしまう。なんとなく不安になるのです。

だから、やるべきことがあります。

それは、「ぼんやりしていること」を明らかにすることです。不安と真正面から対峙する。どんなことが不安をもたらしているのか、はっきりさせるのです。

そのわかりやすい方法についても、取材で聞きました。コラムニストの勝谷誠彦さんが語っていた、文字にしてしまうことです。不安を「見える化」するのです。

なんとなく頭の中でもやもやしているから、迷ったり悩んだりするのです。ところが文字にすると、もやもやの原因は整理される。

今はSNSやらメッセンジャーアプリやらで文章を書く機会は増えています。しかし、自分について書く機会は、さほどありません。だから、誰かに見せることを前提にするのではなく、自分の本当の気持ちを吐露できるような機会を持つのです。苦しい思いや辛い思い、不安や悩みについて、思い切って書き綴ってみる。

実際、どうにも不安だったり、もやもやしていたことが、文字にしてみると「なんだ、こんなことで悩んでいたのか」と気づけたりします。文字にすることで、自分を冷静に、客観的に捉えられるようになります。

そういえば、昔は多くの人が日記を書いていました。もしかすると、日記の効能というのは、こんなところにもあったのかもしれません。苦しい思いを文字にしてぶつけることで、すっきりと1日を終えられるのです。

誰かに向けて書くのではなく、自分のことを書いてみる。不安なこと、苦しいことも書いてみる。大切なのは、そんな習慣を作ることです。

私は日記は書いていませんが、何か不安が出てきたら、メールを自分宛てに書いて送ってしまうことにしています。これは、いつでもどこでもできて、簡単な方法です。

フリーランスだから不安なのではありません。大丈夫。誰しも不安や悩みはつきものなのです。

34 ストレス解消に「寝る前の自分時間」は必須

新型コロナでリモートワークになり、一人で家に籠もることになって精神的に揺らいでしまった人も少なくありません。会社で同僚と顔を合わせたり、ちょっとした会話を交わすことが、どれほど自分にとって大きかったか、気づいた人も多いと思います。

ただ、フリーランスは基本的にいつも一人です。

どうやってメンタルをマネジメントしているのか、これもまたよく問われます。

私のフリーランスのスタートは、一人で住んでいたワンルームマンションからでした。デスクとファックス、パソコンを買ってスタートしたのですが、とはいえ会社員時代のようにはいきません。

1日中、誰とも会話を交わさないこともありました。これは確かに寂しかった。ただ、そのうちすっかり慣れました。こういうものだと思えば、なんてことはない。今は家族がいますが、ほとんどの時間を一人で仕事部屋に籠もって仕事をすることは、すでに当たり前になっています。

それよりも対策が必要なのは、仕事にはつきもののストレスです。すべてのプロジェクトがすんなりうまくいくとは限りませんし、仕事の人間関係で嫌な思いをすることだってある。思うような結果が出せなかったり、収入が思ったように上がっていかないこともあります。

そこで、私がだんだん身につけていったのは、ストレスを持ち越さないと決めること、でした。嫌なことがあっても、できるだけ、その日のうちに断ち切る。ずるずると引きずらない。なるべく早くストレスの原因を忘れてしまうのです。なぜなら、ストレスは間違いなく仕事の効率を落とすから。くよくよと考えていると、心にも絶対にマイナスだから。晴れやかに仕事ができないと、いい仕事はできないからです。

そのために大切にしているのが、ストレス解消に意識的になることです。これをやれば、きれいさっぱり忘れられる、すっきりする、というものをしっかり持っておく。それを意識的に使って、ストレスを断ち切るのです。私の場合、どんなに仕事が忙しくても、寝る前の2、3時間は自分の時間として確保しています。徹夜は絶対にしないし、深夜まで働かない。そういうスケジューリングをしています。

毎日ギリギリまで集中して仕事をしたら、あとは自分の好きな時間を過ごす。長風呂に入るもよし、小説を読むもよし、映画を観るもよし、ボーッとするもよし、近所のスーパー銭湯に行くもよし。もちろん、大好きなビールをはじめ、お酒も楽しむ。

その際、仕事はすっかり忘れます。とことん楽しんで、ストレスを解消する時間にしています。意識的にこういった時間を作っているところがポイントです。これで何があっても自分は切り替えられる、と決めてしまうのです。

また、心と身体はつながっていますから、この10年ほどは運動をするようになりました。といっても週に2、3日ランニングをする程度です。ただ、ランニングでたっぷり酸素を吸うことで、間違いなく脳のリフレッシュにつながっていると感じています。

ランニングした後の何ともいえない心地良さは、経験している人にしかわからないと思います。私は川沿いの絶好のランニングコースのすぐ近くに住んでいるのですが、ランナーが多いのもうなずけます。雨が続いたりしてランニングができない日が続くと、なんとも悲しくなります。

ランニングは始めるのも、簡単です。シューズを買って、準備運動をして、ゆったり走るだけ。すぐに始められるランニングは、とてもお勧めのストレス解消法です。

自分なりのストレス解消法を見つけ、意識的になることです。仲間や友達と集まってワイワイやるのが好きだ、という人はそれもいいでしょう（新型コロナでちょっと難しくなってしまっていますが）。ゴルフやテニスで集中するのがいい、というのもいいでしょう。アウトドアを楽しむ、というのもいい。

ちなみに私はできるだけ家族と一緒に過ごしたいので、あまり誰かと外に出て行くことはしません。会食も数えるほどですし、ゴルフやテニスもやりません。それよりも家で過ごしたり、家族でおいしいものを食べに行ったほうがいい。

また、今はコロナで難しくなっていますが、毎年ハワイやグアム、香港などに出かけていました。これもまた、いいリセットになります。頑張って来年もまた来よう、というモチベーションにもつながります。普段は目にしないものに触れることで、大きな刺激も得られます。

いろんなリフレッシュの方法があると思います。大事なのは、それをしっかり自分で選択すること。「自分の選択」がとても大事です。流行っているとか、効果的だったと耳にしたとか、まわりに惑わされず、自分の好きなことを選択する。こうと決めたら、それを貫く。これもまた、ストレス対処として大事なことだと思っています。

35 同じ取引先にどっぷり浸かるのは、本当に危険

フリーランスになったばかりの頃、たまたま誘われた飲み会でご一緒したデザイナーから、こんなアドバイスをいただいたことがありました。

「できるだけ定期的な仕事を持ったほうがいいよ。連載とか、季刊の仕事とか」

理由はシンプルで、仕事が確保でき、収入が安定するからです。毎月、必ず発生する仕事があれば、収入が読めます。それをいくつも積み重ねていくことで、仕事を安定させることができる。フリーランスとしては、王道の考え方といえるかもしれません。

しかし、私はこのアドバイスにまったく従いませんでした。安定的な仕事を意図して選ぶことは一度もなかったのです。「来月のことはまったくわからない」という状況が、その後もずっと続きましたし、それでよしと思っていました。

たしかに収入が安定しないだけに、不安がなかったわけではありません。しかし、この「どうなるかわからない感」もフリーランスの醍醐味だと次第に思うようになったの

です。

もし、安定的な収入を求める仕事でスケジュールが埋まってしまったら、新しいチャレンジはできなくなります。そういう危機感もあった。

「こんなふうになりたい」という目標も理想も何も持たなかったがゆえに、どんな未来に連れていかれるのか、楽しみに待っていたところもあります（その前に、日々の仕事で精一杯だったのではありますが）。

やがてある程度、仕事が安定してからは、むしろ逆の動きを意識しました。安定的な仕事の比率ができるだけ増えないようにしたのです。雑誌の仕事をするときにも、ひとつの編集部にどっぷり浸かるようなことはあえてしませんでした。

理由はシンプルで、定期的な仕事のリスクに気づいたからです。

定期的な仕事といっても、いつまでも続くわけではありません。雑誌そのものがなくなる可能性だってあります。もし、そのときに収入の大きな部分をその雑誌に頼っていたらどうなるか。収入が安定するように見えて、このほうが余程、リスクは大きいのではないかと感じたのです。

また、発注先のスタッフはどんどん入れ替わります。定期的な仕事をしていた親しい発注者が異動になってしまうかもしれません。また、偉くなって現場を離れていくかもしれない。

担当が新しい若いスタッフに替わったとき、新たな人、もしくは馴染みのある人を使いたいと思うかもしれません。そうなれば、仕事を失いかねないわけです。

これは実は会社員も同じですが、安定などというものは、どこにもないと私は思っています。実際、私は勤めていた会社が倒産しました。ベンチャーでなくても、何かの拍子に大きな会社の経営が揺らぐ例は、たくさんあります。

会社が危機的状況になどなっていない超優良企業でも、リストラという名目で会社にいられなくなる可能性だってある。実際、多くの会社で40、50代が厳しい状況に置かれています。

これも取材で聞いた話ですが、日本が誇った終身雇用、年功序列などというのは、バブル前の数十年間だけで実現に至った仕組みに過ぎないのです。他の大部分の期間は、安定など、ほとんどの人になかったのです。

また、安定には怖さがあります。安定すると、そこに安住しようという意識が始まります。そもそも人間は強くないのです。ラクをしたいのです。生物学的にも、ずっと同じことをしていたい生き物なのです。

安住を求めるということは、成長の機会を失うということです。実はこれこそが、生きる上で最大のリスクだと私は思っています。

私には子どもがいますが、安定した会社に入ってくれれば、などとはまったく思いません。大事なのは、どこに行っても、どんな時代でも生き残っていける強さを身につけることです。なぜなら、本当の安定など、どこにもないのだから。

最も危ないのは、安定していると勘違いして、そこにしがみつくことです。安定などどこにもないと認識しないといけません。目指すべきは、そこではないのです。フリーランスは、特にそうです。

今も「安定的な仕事先」は私にはありません。仕事の内容もどんどん変わっていきましたし、年によっても取引先は変わっていきました。おかげで「もし最大の取引先に何かが起きたらどうしよう?」という不安は、私にはありません。そして新しい取引先も、次々に生まれていきます。

成長して力さえつけていれば、どこからでも仕事は獲得できる。どんな時代であっても生き抜いていける。私はそう思っています。

36 長期と短期の仕事を組み合わせる

仕事の不安を少しでもやわらげたい。そんな気持ちから、やはり定期的な仕事を確保したいという人も少なくないでしょう。

何より仕事が途切れてしまうことが、最もフリーランスを不安にします。定期的にやってくる仕事は、その心配を減じてくれるからです。

私の場合は、定期的な仕事は意識しませんでしたが、幸運にも仕事が途切れる不安を減じられるような仕事に、結果的に出会うことができました。本を作る仕事です。

インタビューなどの短い原稿は、短期間で仕事が終わります。どんなに長くても2週間ほどです。私は、こうした短期の仕事だけで当初ずっと仕事を継続させていましたが、やはり精神的にはラクではありませんでした。何しろ、翌月の予定すらまったく見えないような状態が、ずっと続いていたからです。

やがて、不安があるのは当たり前、とばかりに私は慣れっこになりましたが、よくもそんなに短期の仕事だけでやっていけるものだと驚かれたこともありました。

後には、企業の採用パンフレットのコピーライティングを手がけたり、金融商品のプロモーションの大型プロジェクトに携わったり、月刊誌の編集企画に定期的に携わったりもしましたが、フリーランスになって11年目に出会ったのが、書籍の仕事でした。

書籍の仕事は、取材して2週間ほどで原稿をアップして、などというわけにはいきません。今でこそ月1冊、書いていますが、最初の頃は2カ月に1冊という時間をもらっていました。

逆にいうと、2カ月はその仕事に携わることになるわけです。短期の仕事ばかりをしていた私にとって、この長期スパンの仕事はとても新鮮でした。

しかも、次の本の仕事依頼がやってきても、2カ月間は他の仕事を受けられませんので、スケジュールが合えば次の2カ月を使うことになります。そうすると、4カ月先まで仕事が見えることになるわけです。

こうして、数カ月先まで仕事が見えているという、初めての状況になりました。やがて、仕事をどんどん効率化して、書くスピードを2カ月に1冊から3カ月に2冊、さらには月に1冊にまで速めていけるようになりました。

今では、次の月、さらに次の月と予約の形で書籍の仕事が入っていきます。おかげで、かなり先まで仕事のスケジュールが埋まるようになりました。これは、かつてない安心感を自分に与えることになったと思っています。

そして私の場合は、同時に短期の仕事もこなしています。月の前半は書籍の仕事が中心ですが、後半は書籍の原稿を推敲しながらインタビューの仕事などをしていきます。

本の仕事は刊行されて印税が支払われるまでにかなりの時間がかかります。それこそ原稿を書き終えてから半年後というのはザラで、中には1年先、もっと先になることもあります。その間も収入を得ていかなければいけないわけですが、それを短期の仕事でカバーできます。

仕事が長期にわたり、報酬の入金がだいぶ先になる仕事と、短期間で仕上げ、報酬の入金がさほど先ではない仕事を組み合わせることで、この15年ほどを過ごしています。これは、極めて理想的な仕事のスタイルになったのではないかと思っています。事業運営上のキャッシュフローという点からも、長期の仕事、短期の仕事は両方あったほうがバランスがいい。

そして短期の仕事の報酬は決まった額ですが、本の印税は、本が売れれば売れるほど大きくなるシステムです。10万部、20万部といったヒットが出れば、これだけで年間売り上げの多くを稼げてしまう、という夢もあります。

もっともそんなに簡単に本が売れるほど甘い世界ではないのですが、可能性が潜んでいることが大きなモチベーションになっているのは間違いありません。

仕事が途切れてしまうかもしれない……というフリーランスの不安を減じるには、こんなふうに長期と短期、異なる納期の仕事の組み合わせを考えてみるのも、ひとつの方法です。安定という意味ではなく、当座の安心は与えてくれるものです。

37 フリーランス同士でオフィスを共にする、という選択

フリーランスを不安にさせる理由のひとつに、周囲に同じ立場の人がいない、ということがあります。これが、孤独感を高めてしまう。それこそ会社に行けば、世間話のひとつもするし、冗談半分の独り言のような嘆きを聞いてもらえたりもする。しかし、フリーランスになって一人で働くとなると、それもなくなります。

また、何かを相談しようにも、会社員とはやはり立場が違います。たとえ相手がかつての同僚だったとしても、感覚が微妙に違ってくるものです。その点においては私自身、幸運でした。1994年の11月に税務署に開業届を出し、自宅で仕事を始めるのですが、折しもかつての上司と同僚が翌年の春に会社を退職、フリーランスになったのです。

当時の私は独身でしたから、部屋はワンルームマンション。デスクは買ったものの、すぐ横にベッドもあれば、テレビもあります。もともとテレビは見ないのですが、翌年の1995年といえば、1月に阪神・淡路大震災、3月にオウム真理教による地下鉄サ

リン事件があった年。私は兵庫県出身でもあり、震災のニュースは気になって仕方がありませんでしたし、オウムのニュースにも強い関心がありました。要するに、狭いワンルームの自宅では誘惑が多いことに改めて気がついたのです。

そんなことを思っていた折、退職を決めた2人（後にもう一人合流）から「一緒に共同事務所をやらないか」と誘われました。そこで、みんなでお金を出し合って、少し広めの都心のマンションの一室を借りることにしたのです。

デスクを4つ揃え、当時は携帯電話はまだ普及していませんでしたから、共同で電話とファックスを準備しました。とはいえ、みんなフリーランスですから、縛りは何もありません。いつ来てもいいし、来なくてもいい。家賃と経費を折半しているだけ、です。

私も一人でオフィスを借りる余裕はなく、このアイデアはとてもありがたいものでした。共同事務所にデスクトップパソコンを置いておき、自宅ではノートパソコンを使って、双方で仕事をする日々が始まりました。

事務所のメンバーは同じ立場。上司でもないし、同僚でもない。一緒に仕事をすることもありますが、何らかの責任が発生するわけではない。これは、とても心地良い関係でした。よく飲みに行ってバカ話もしましたし、共通の顧客とみんなで一緒に飲むこともありました。フリーランスといえば一人で働く、とイメージしている人も多いかもしれませんが、こんなふうに他のフリーランスと共同で事務所を構える、という選択肢もあります。今は、コワーキングスペース（異なる職業の人たちが共同で利用するオフィススペース）なども増えていますから、オフィス代わりに使う、という選択肢もあるでしょう。コワーキングスペース内で他の業種や職種のフリーランスとコミュニケーションを交わせたり、人脈を作れたりして、仕事につながることもあるようです。

フリーランスにとっては、組織に属していない孤独感を味わわずに済むような環境が今はどんどんできているのです。私自身は、共同事務所の利用は仕事時間の6～7割ほどでした。世間話のひとつ、独り言の嘆きも聞いてもらえたことで、どれほどストレス解消になったか、と思います。

また、共同事務所を借りて1年半ほどしてから父の病気が発覚し、介護のため4カ月間、兵庫の実家に戻りましたが、このときも事務所の仲間から、さまざまに励ましをもらいました（20年以上前にもらった応援ファックスが今も実家に貼られています）。実家の自室に電話線を引き、電話とファックスでやりとりをしながら仕事をしました。収入を得ながら4カ月も故郷で過ごし、父の最期を看取ることができたのは、フリーランスだったからこそ、でした。本来は故郷に戻って農家を継がなければいけなかったのですが、わずかながらも親孝行ができたかな、と思いました。

その後、結婚を機に、5年ほど通った共同事務所を卒業し、自宅の一室を事務所代わりにしました。娘が幼かった時期は、どうしても仕事部屋に来てしまうので、自宅近くに一人で事務所を借りました。その際は都心も考えたのですが、小田急線の成城学園前駅徒歩1分の物件に決めました（2LDK、約60平米）。来客を迎えるにも、都心部で駅から20分くらい歩いてもらうより、郊外でも駅近1分のほうが利便性は高いと判断したからです。家賃は都心部よりも安く、打ち合わせや、ちょっとした仲間との集まりで、たくさん来客を迎えることができました。ただ、事務所に籠もってしまうと、子どもに会えなくなります。そこで娘の小学校入学とともに広い家へと引っ越し、再び自宅兼事務所にしたのでした。その後、今の4LDKのマンションに引っ越し、自宅の一室を仕事部屋にしています。

自宅は家族が出入りしますし、テレビはじめ誘惑も多い。自宅で仕事をするのであれば、小さな部屋であっても、専用の仕事部屋が欲しいところです。

38

「教える」というステージでスキルを再整理

ブックライターは、本が売れれば収入がどんどん大きくなる、という魅力の他にも、みんながウィンになる仕組みがあります。例えば、ブックライターがいなかったらどうなるか。本を書くスキルを持っていない著者以外は、本を世に出せなくなります。そうなれば、著者の持っている貴重なコンテンツを読者は目にできなくなる。出版社も、大きなビジネスチャンスを失います。

一方でブックライターも、自分の本だけを出し続けるなどということはできません。ところが、コンテンツを持っている著者と出会うことで、そのコンテンツを本にまとめるという仕事に出会えるわけです。

実際、私は月に1冊、本を書いていますが、私自身のコンテンツで毎月1冊書くことは、とてもできません。他の著者に代わって書くブックライターの仕事だからこそ、こんなにたくさんの本作りに携わらせてもらえているのです。

「え、あの本は本人が書いているんじゃないんですか?」と今でも驚かれることがありますが、本のカバー・表紙をデザインする著者はほとんどいないように、本の中身を著者が書いていなければならない理由はないと私は考えています。

勘違いしていただきたくないのは、書かれている内容はブックライターが創作したものではないということです。あくまで、著者が持っているコンテンツなのです。それをわかりやすい文章で本の形に構成するのが、ブックライターの仕事なのです。

もし著者に本を書くスキルがあったとしても、本業の忙しい合間を縫って、本を書くのは大変なことです。それこそ1年、2年とかかってしまうかもしれない。そうなったら、世の中がそのコンテンツを求めている、最適なタイミングを逃しかねません。

実は私がこのブックライターという職業名を名乗るまで、この仕事は「ゴーストライター」と呼ばれていました。なんとも、ひどい職業名です。ライターがいないことになっているのですから。

音楽の世界で有名になったゴーストライターは、表に出る人に代わって創作する人です。ブックライターは違います。コンテンツはあくまで著者のもの。じっくり著者にインタビューし、文章にして本にする仕事です。

私がブックライターの仕事を始めた頃は、どの出版社でも「いい書籍のライターはいないか」と探しているような状況がありました。なり手がどんどん減っていたのです。私に次々に仕事がやってきたのは、当然だったのかもしれません。

そんな中、講談社の編集者から提案されたのが、ブックライターに関する本の執筆と塾をスタートさせることでした。私は、この「ウィン」の構図をもっと大きくできれば、世の中の役に立つと思いました。そこで本を書き、塾をスタートすることに賛同しました。こうして生まれたのが、拙著『職業、ブックライター。』であり、「上阪徹のブックライター塾」でした。塾では、私の持っているすべてのノウハウを開示しています。本を書く塾なのだから、文章を書くことを教えているのか、と思われているようですが、実は違います。「本質」はそこにはないと私は思っているからです。

毎年春、土曜の午後4回にわたって講座が開かれますが、文章について教えるのは最終回だけです。

冒頭でも触れたように、書く仕事の本質は書くことではないのです。その前に重要なのは、読者ターゲットを意識することだったり、企画や目的によって情報をセグメントすることだったりします。取材の進め方や構成の考え方など、学ぶべきことはたくさんある。その上で、書くことを学んでもらう。そして、ゲストである現役編集者とできるだけ触れ合ってもらう。そのための演習もあるし、コロナ前までは長時間の懇親会も用意していました。

実際、現役編集者と意気投合したり、懇親会で隣に座って盛り上がった、などの理由から、すぐにブックライターとしての仕事を獲得した人も少なくありません。

塾からは、たくさんの優秀なブックライターが輩出され、ベストセラーに携わったり、自分の本を上梓《じょうし》する人も次々に出てきています。そして私自身は、何より人に教えることの大切さを知りました。初めて文章に関わる書籍を書いたときもそうでしたが、塾のカリキュラム作りは自分自身の大きな学びになる。自分がどうやって本を作っているのか、改めて認識しました。そう、アウトプットの機会をもらえたことで、自分のスキルを棚卸しし、整理するチャンスになったのです。

フリーランスには誰しも専門領域がありますが、その専門領域の先には「教える」というステージが間違いなくあります。これがまた、フリーランスとしての可能性を大きく広げてくれます。新しいステージに進み続ければ、おのずと仕事の不安も軽減されていきます。いずれ、そのステージに進むつもりで、今から意識しておくことです。

39 培ったスキルを手放すことで、さらに飛躍できる

ブックライターを育成する塾をスタートさせて、一部でこんなことを言われていたと耳にしました。

「自分の持っているノウハウをすべて開示して、おまけに自分のお客さん（顧客）まで紹介するなんてありえない。ライバルを増やしてどうするのか」

たしかにそういう考え方もあるのかもしれません。しかし、私はそうはまったく考えなかった。なぜ塾を始めたのかといえば、求められたからです。「必要とされていることに応える」こと、求められた目的を果たすことが、私の最大のモチベーションです。それはこのときも変わりませんでした。

業界でいいブックライターが足りなくなってきている。育成しないといけない。多くの編集者が困っている……。もし、その解決に自分の力が少しでも役に立つのであれば、やってみよう、と思っただけの話です。

自分の培ってきたスキルやノウハウを独自のものとして守ったり、やっと獲得した大切な顧客を囲い込んでおきたい気持ちは、とてもよくわかります。しかし、私自身は、それを守り続けることは絶対に不可能だと思っています。

技術は進化し、時代もどんどん変化していきます。昔からのスキルやノウハウがいつまでも通用するとは限りません。求められるのは、それを一人で守ることではなく、進化させ、発展させていくことです。そのヒントをこそ、手に入れるべきなのです。

塾という新しいステージに進んだことで、自分のやってきたことをアウトプットしなければならなくなりました。しかし、このアウトプットには、先述したように大きな意義と効能があったと考えています。

アウトプットするからこそ、私自身にも見えてくるものがあるのです。また、私のアウトプットから学んだ人が、さらに技術を進化させていけばいい。

もとよりフリーランスの世界には、次々に新しい競合が現れます。顧客を囲い込もうと努めるより、顧客に何ができるのか、改めて考えてみたほうがいい。

新しいブックライターの育成は、私の大切な顧客にとって間違いなくポジティブなことだったと思います。例えば、私が得意としていない分野のブックライターが誕生するかもしれません。

実は塾では、塾生に編集者を紹介することに加え、もうひとつ裏コンセプトを作っています。それは、ゲストの編集者同士をつなぐ、ということです。編集者も自らの技術を進化させることに余念がないと、考えたからです。

私自身は余計なことを考えず、求められることだけをやってきて、自分のキャリアを作ってきました。塾に関しても同様です。考えてきたのは、それをいかにベストな形で展開できるか、だけでした。

ただ、塾が自分のステージを変えることになるかもしれない、という期待はありました。私自身、仕事のステージをどんどん変えてきて、今があります。求人広告のコピーライターからインタビューの仕事、そして書籍の仕事へ。

周囲がどんどん変化していく中、同じ仕事、同じ環境で何十年もやっていけるほど、フリーランスの世界は甘くないと思っています。顧客の状況も変わります。

そのためにも、スキルやノウハウしかり、人脈しかり、今持っているものをどんどん手放していくことが大切になる。どんどん新しい人、次の世代に手渡していく。それが、自分を次に向かわせることになる、と思っています。

卒塾生はすでに2００人を超えています。これだけの数の「門下生」が私にはいるのです。彼らに恥じないような仕事をしていかないといけませんし、彼らの先頭に立って行動しないといけない。そういう意識も、間違いなく私を変えていくと思っています。

常に、次のステージに向かっていく。それがどんなものなのかはっきりしなくても、です。これからどんなふうに自分は変わっていくのか、見えない未来をむしろ楽しみたいと私自身は思っています。

誰もがずっと同じではいられません。現状維持を目指しても、まわりの変化に取り残されるだけです。フリーランスはその覚悟をし、あえて「変わる」機会を作ること。ステージが変わっていくことを楽しむこと。それが、新しいチャンスを生んでいくのです。

40 「本業プラスα」でさらに価値が高まる

今、私のステージの広がりといえば、本業である「書くこと」以外の仕事が増えていることです。講演やセミナー、講義、メディア出演などです。

塾をスタートさせる前から、「話すこと」はときどきお声がけをいただいていました。最初は大学の先生から、新入生向けに少ししゃべってほしい、という依頼でした。何度か取材をさせてもらっていた先生でしたが、私はたくさんの著名な人たちを取材していたこともあり、学生たちの視野を広げるような話をしてほしい、と頼まれたのでした。

中堅私大でしたが、聞けば偏差値の高い大学を落ちて入学したケースも多く、モチベーションが上がらない学生も少なくないといいます。しかし、上位校でなければ人生がうまくいかないわけではまったくありません。私は、その事例をたくさん伝えました。

中でも学生が最も驚いていたのは、かつて証券会社に勤めていた経済ジャーナリストのエピソードでした。彼は独立志向が強く、いずれ事業をやりたくて、スポンサーを見つけるために証券会社に入った人でした。イメージしていたスポンサーは、大企業の偉い人たち。

ところが、入社後に渡された営業先のリストには、聞いたことのない会社の名前ばかり。有名な会社の偉い人と知り合いになりたかった彼は、先輩に率直に尋ねてみると、こんな返事が戻ってきたといいます。

「わかっていないな。日本のお金持ちというのは、中小企業の社長なんだよ。大きな会社に勤めている人じゃない。高級外車に乗っているようなお金持ちは、みんな中小企業の社長なんだ」

みんな本当のことを知らない。みんなが知らない世界がある。世の中を勝手に解釈してはいけない……。ジャーナリストからは、取材でそう言われました。

この話を紹介すると、学生はびっくりしたようでした。大きな会社に入ろうとするのではなく、自分で会社を作る。あるいは中小企業に入って偉くなる。そんな道も目指せばいいじゃないか、と私は伝えました。終了後、未来に夢が持てたと涙ぐんで声をかけてきた学生もいて、大きな手応えがありました。

その後、『書いて生きていく　プロ文章論』（ミシマ社）など文章に関わる本を出すようになってからは、「書くこと」やフリーランスをテーマに話をさせてもらう機会が増えました。

たくさんの方々への取材経験を生かした話は、改めてニーズが大きいと知りました。成功する人たちは何が違うのか。うまくいく経営者の共通項とはどんなものなのか。20、30代をどんな意識で過ごしていくべきか……。そんなテーマで講演の依頼を引き受けることも今では少なくありません。

後には、ビジネスノンフィクションとして取材した成城石井やドトール、ローソン、ライザップなどについて語ってほしい、という依頼も受けました。大きな会場で2000人もの流通関係者を前に話したこともあります。

そして、講演をきっかけに、それが新しい執筆テーマになっていったりもします。『成功者3000人の言葉』（飛鳥新社）などの自己啓発系の書籍は、講演で話した素材が大いに参考になっているのです。また、講演においでになった方を通じて、新たなブックライティングの仕事につながったこともあります。

私は書くことが本業ですが、そうでないフリーランスにとっても、講演やセミナーは事業の「横軸展開」として最もシンプルな方法です。本業の経験がそのまま生かせるだけでなく、仕事に付随するものもテーマになりうるのです。

そして講演をきっかけに自分の仕事のコンテンツ化にもつなげられます。自分の本の刊行を目指してみるのもいいでしょう。しゃべったり、本を出したり、本業に加えて武器をひとつでもふたつでも増やしていく。その掛け合わせによって、他にないレアな存在になっていきます。

私は、もともと人前で話すことが好きだったわけではありません。今も得意だとは思いません。緊張もします。ただ、これも場数を踏めばだんだん慣れていきます。何事も経験です。

ありがたいのは、今の時代はスライドを使えることです。スライドでストーリーをしっかり作っておけば、あとはタイムコントロールをしながら、その流れでしゃべっていけばいい。その意味では、スライドでストーリーを作る力こそが重要です。

そして講演やセミナーのストーリーを考えるのも、自分のスキルや仕事を棚卸しする、いい機会になる。横軸展開は誰にとっても、新しいキャリア作りにつながっていくのです。

V

ひたむきさと
志こそ

41

フリーランスが躍動できる時代が来ている

新型コロナウイルス対策で、多くの人がリモートワークを体験することになりました。自宅からオンラインを使って仕事をする。オフィスに出社できないことが苦痛だった人もいるようですが、その魅力を実感した人もたくさんおられるでしょう。

何より通勤がいらない。ギュウギュウ詰めの電車に乗る必要がないのです。家族と長く過ごせる。家庭での時間を大切にしたい人には大きな喜びだったでしょう。仕事の効率が上がる。電話を取り次ぐことも横から話しかけられることもないし、急ぎの仕事を振られたり突然ミーティングに呼ばれたりすることもない。

自分で時間をコントロールできる。ちょっとした用事で外出するにも有給や半休を取らないといけなかったのが、リモートワークなら時間の融通が利くようになった。

住みたい場所に住める。毎日、会社に通勤しなければいけない、という前提があったから住む場所が限られると考えていた人も多かった。それが週に数日になるのなら、と広い家や豊かな自然環境を求めてすばやく引っ越した人もいます。

　無理に人付き合いをしなくてもよくなった、という魅力を語る人もいました。会社での人間関係は、出社していたら避けられないもの。言ってみれば受動的な人間関係です。リモートワークになって、それをやらなくてもよくなった。本当に大事な人とだけ付き合う、能動的な人間関係を推し進められるようになり、その心地良さを多くの人が味わったのです。

　こういったリモートワークの魅力は、まさにフリーランスの魅力そのものだったりします。私自身、会社員からフリーランスになって26年、まさにこの魅力を実感してきたのです。だから、会社員には戻れませんでした。

　もしリモートワークに魅力を感じたなら、それはそのまま、フリーランスに向いている人だと思います。そして、フリーランスの魅力を大きく享受できる人です。

　リモートワークをめぐっては否定的な声もありましたが、評価が分かれたのは大きな考え方の違いがベースにあるからだと私は感じています。誰かに何かをしてもらうのを待っているか。それとも、自分から何かを取りに行くか、の違いです。

　リモートワークを押しつけられたと思うか、リモートワークのいい点を見つけようとしたか。その違いと言い換えてもいいでしょう。

この考え方の違いは、フリーランスにはとても大事な条件になってきます。なぜなら、フリーランスは常に自分で何かを取りに行かないといけないからです。

誰かが何かを準備してくれたり、褒めてくれたり、報酬を上げてくれたり、モチベーションを上げてくれたり、といったことはありません。誰も何もしてくれない。自分から動いて、仕事の価値を自分で判断し、自分に何ができるかを認識して自分でモチベーションを上げていかないといけない。ただ、それができるのであれば、もはや会社員である必要はないと思います。

この原稿を書いている時点では、コロナの感染拡大は一進一退を繰り返しています。しかし、ひとつだけわかったことは、コロナが終焉したとしても、コロナの次が来ないとは限らない、ということです。同じようなウイルスが、またどこかから生まれてくる可能性がある。もう世の中は変わってしまったのです。

となれば、企業をめぐる環境も変わっていくことになるでしょう。オフィスは縮小していく可能性が高い。オフィスがいらなくなれば、会社という存在そのものの考え方も変わっていくことになるはずです。社員として働くことの意味も問われてくる。

私が想像しているのは、フリーランス的な働き方を求める会社が増えていくことです。働き方の見直し、成果への見直しがどんどん進む。社員ではなく、外部のスキルを使ったほうがいい、という考え方への変化です。

実際、そうした動きは始まっているようです。ほとんどフリーランスを活用してサイトをスタートさせたＩＴ企業もありますし、多くの会社で副業の推奨も始まっています。

そもそも会社が求めているのは成果であって、必ずしも社員ではありません。その「本質」に気づけば、会社はその選択をするでしょう。社員ではなくスキルを受け入れるという土壌ができつつあるということです。

社員が減れば、フリーランスのポテンシャルはますます大きくなります。自ら動ける人には、かつてないチャンスの時代が来ているのです。

42 「自分の運を信じるに足るだけのこと」をしていく

フリーランスになってからの自分の26年間を改めて振り返ってみると、まさに奇跡的なことの連続でした。びっくりするような偶然や出会いがたくさんあったことはすでに書きましたが、例えば金銭的なピンチのときに思ってもみないような大きなチャンスがやってきました。一方、ちょっとうまくいってテングになりそうになると激しく鼻を折られるようなことがあり、それが結果的に自分に大きくプラスになったり……。

どうしてこんなことが起こるのか、不思議でなりませんでした。だんだんわかってきたのは、すべてに意味があるのではないか、ということでした。

フリーランスには不安がつきものだと書きましたが、ある時期からは、もう何も心配しなくなりました。起きていることすべてを受け入れよう、と思ったのです。なるようになる、なるようにしかならない、と。そして、積極的に訪ねるようになった場所があります。神社です。別にスピリチュアルなことに興味を持ったわけではありません。結局のところ、自分にできることなどたかがしれているのではないか、最後は神様がすべてを決めているのではないか、と思うようになったのです。

伏線もありました。東大を出てアメリカの投資銀行で実績を上げ、日本で起業した有名な経営者がいますが、あるとき彼に密着する記事を書いていて、びっくりすることになりました。

オフィスは高層ビルの上層階に入っていて、社長室にはシンプルな家具が置かれ、極めてスマートな印象でした。ところがそこに、大きな神棚が備え付けられていたのです。しかも毎朝、二礼二拍手一礼をして手を合わせるところから、彼の1日は始まっていました。外資仕込みの凄腕の金融マンと神棚。なんとも似つかわしくないのです。そこで、率直に、なぜなのかを聞いてみました。そうすると、こんな答えが返ってきました。

「最後の最後は、神頼み以外ないですよ。自分の力なんて、そんなもんです。だから、お願いしているんです」

もちろん結果を出すために、努力をされていました。起業をしてからもそうです。それでも、自分がすべてやったのだ、などとはまったく思っていないのです。最後は神頼み、神様が決めている、と断言されたのです。

これ以外にも、多くの社長室で私は似たような光景に出会うことになります。この人は日本一の知の巨人だと私が感じた人のデスクの裏にも、神田明神の大きなお札が置かれていました。やっぱりそうなんですか、と聞いてみると、「当たり前ですよ」と返ってきました。どんなに結果を出しても、自分を過信しないのです。

一方で思ったのは、そう心得ておけば、妙なことはしなくなるだろうな、ということ。いい加減なことをしたり、人に迷惑をかけたり、人を傷つけたり。そんなことをする人に、運がやってくるはずはないのです。

自分の運を信じるには、それ相応の理由がなければなりません。ただ単に神頼みをしていても、運が良くなるはずがない。神社にお参りするとは、しかるべきことをきちんとしておかなければならない、ということでもあるわけです。

自分の運を信じられるだけのことをしなければいけない。それをせずに運を待っているとすれば、宝くじに期待するのと何ら変わりません。宝くじに当たった人の末路の話を先にも少し触れていますが、やるべきことをやらずに偶然幸運を得られたとしても、やってくる末路は同じだと思うのです。

娘が小学生の頃、担任の先生のご依頼で子ども新聞記者（神奈川県の私立小学校で行われている「まめ記者講習会」）のお手伝いをしたことがあります。有名な神社に、子どもたちと一緒に取材に行ったときのこと。ある子どもが、こんな質問を宮司《ぐうじ》に投げかけました。

「お参りをしたら、どんなふうにお願いをすればいいでしょうか」

宮司の答えは、ちょっと意外なものでした。

「お願いはしなくていいんです。日頃からみなさんは、お願いを持っていますよね。神様はよく知っています。だから、いつもありがとうございます、とお礼だけ伝えてください」

小さな日常にこそ、すべては詰まっています。きちんと生きているか、が問われる。自分を信じるためには、信じるに足ることをする必要があるのです。その上で、どんな結果が出るのかは神様に委ねる、ということなのです。

実際のところ、すべてが思うようになど、行くはずがありません。あらゆることを受け止めて、日々できることをする。すべてに意味があると考え、楽しんでしまう。自分は幸運だ、幸せだといつも考える。大切なのは、すべてを受け入れること。

フリーランスの原理、もっといえば人生の原理は、意外にシンプルなのです。

43 周囲に流されることで、最も得意な領域にたどり着ける

フリーランスとて、経営者。何もかも自分で考えていかなければならないのではないか。そんなふうに感じている人も少なくないようです。とりわけ心配なのは、将来のこと。今は良くても、将来やっていけるのか。時代が大きく変化していく中で、取り残されるのではないか。

もちろん、将来を見据えて、さまざまに準備をしたり、投資をしたり、学びを進めていくことはとても大事です。自分の成長のために、できることはどんどんやっていくべきでしょう。

しかし、だからといって未来が読めるわけではありません。こうしていれば絶対にうまくいく、確実に成功する、などという道はありません。

では、どうすればいいのか。私自身の26年間を振り返って思うのは、あえて何も考えなかったことが良かった、ということでした。失業してなし崩し的にフリーランスにな

り、自分のために働くのをやめた、とは先に書きましたが、未来についても何の戦略も持っていなかったのです。

これまでの私がやってきたのは、ただひたすら目の前の仕事を一生懸命にやるだけ。仕事を出してくださった発注者に、どれだけ満足してもらえるかを考えただけ。まさに、それだけだったのです。

ただ、逆にそれが私に幸運をもたらしたのだと思っています。将来の計画は何もなかった。流れ流されたからこそ、私は予想もできない未来に連れてこられたのです。

私自身、著名人にインタビューをしたり、本を書いたりなどとは思ってもいませんでしたが、実際にそれをやっている自分がいました。思ってもみない領域に流され、やってみたらできた、というわけですが、それを自分自身で事前に測ることができたかどうか。

やりたいと思っても、その能力がなければ実現はおぼつきません。しかし、やりたいと思っていなかったとしても、周囲から「できる」と思われたとしたら、どうでしょう。

私はこう思っています。自分で未来戦略を作らず、マーケットに身を委ねてしまったおかげで、私は周囲の人たちから引っ張り上げてもらえたのです。私自身の「実は得意だったこと」を見抜いて、周囲の人たちがチャンスを与えてくれたのです。

もちろん自分の強みを理解し、それを武器に未来戦略を描き、フリーランスのキャリアを作っていく方法もあるでしょう。しかし、それでは想定外の未来はやってこない。せいぜいが、自分で想定できる未来でしょう。そして、自分では気づけなかった意外な強みにも気づけない。

私がやったことといえば、周囲からの声を素直に受け入れたことです。もし、「私はコピーライター出身だから」と編集領域のインタビューの仕事を断っていたら、その後のライターとしてのキャリアはありませんでした。

それどころか、私がコピーライターをやっていた求人誌は、インターネットの登場でどんどんマーケットが縮小。仕事はほとんどなくなっていったのです。あのままコピーライターにこだわっていたら、私には未来はなかったかもしれない。

そして仕事の一環で出会ったクライアントから、「本を作ってみないか」と言われたとき、私が「本など作れない。やったことがない。そんな長文は書けない」と断っていたら、後のブックライターとしての私のキャリアはありませんでした。

ブックライター塾も、私がやりたくてやったわけではありません。「塾をやったらどうか」というアドバイスを受けたからスタートさせたのです。講演やセミナーの仕事もそう。取材を受ける仕事もそう。

私は自分でキャリアを作ったのではありません。周囲の人に作ってもらったのです。「やりたいことが見つからない」などと、思い悩むこともなかった。そういった意味で、こういうフリーランスの生き方もある、ということをぜひ多くの人に知ってもらえたら、と思っています。

何かのスキルがあれば、それをベースにしながらも、マーケットに身を委ねてしまう。流されてしまう。そうすることで、自分が最も得意な領域に連れていってもらえる可能性があります。私の場合は、結果的に仕事が最もたくさんある領域、人材が足りない領域へと流されていったのでした。ここでも、「こうしなければいけない」という呪縛を捨てることです。思い込みは、可能性を削いでしまうのです。

44
成功を目指しても人生の歓喜は得られない

努力することは、ともすれば苦行だと考える人がいます。ラクすることばかり考えている人もいます。どうして自分を成長させなければならないのか、そんな大変な思いなどしなくても生きていけるのではないか、と考える人もいます。

数多くの成功者と言われる方々に取材を続けていく中で、なぜ努力しないといけないか、なぜ成長しないといけないか、その理由が見えてきました。

また、どうすれば成功できるのか、ということへのひとつの結論に、やがて私は至りました。目指すべきは、本当に成功なのか、ということです。多くの成功者と言われる方々に会ってわかったことは、誰もが成功できるわけではない、というシビアな現実でした。

特別な才能を持っている人がいます。努力を努力と思わない人がいます。とんでもない幸運を味方につけた人がいます。彼らと同じように生きていける人たちは、果たしてどのくらいいるのか、と。実際、社会的な成功者たちの数は極めて限られます。その一方で、社会的な成功を手にしていなくとも幸せそうな人に、取材をする中でたくさん出会いました。ブランド企業を辞め、小さな会社を起業した人のとても幸せそうな笑顔。逆に、社会的な地位やお金はあるのに、ちっとも幸せそうじゃない人もいました。

やがて私の中でだんだん言語化されていったのは、こういうことです。目指すべきは成功ではない。幸せなのではないか、と。成功は一握りの人しか手に入れることはできませんが、幸せはそうではありません。幸せは自分で決められるからです。

拙著『幸せになる技術』（きずな出版）にも書きましたが、周囲が何と言おうと、自分が幸せなら、幸せなのです。幸せを自分で定義できている人は強いのです。

逆に、自分の幸せを定義できていなければ、いつまで経っても幸せになれません。成功すれば幸せになれるのでは、と青い鳥を追いかけ続けている人も少なくありません。そして次第にわかってきたのは、生きていく上で最も大きな喜びは何か、最も幸せをもたらしてくれるものは何なのか、ということでした。ぼんやりと考えていたことが、取材であるエピソードを聞いて確信に変わりました。

ある介護施設に高齢の女性がいました。寝たきりで介護を受けていましたが、いつも介護者に「ありがとう」と繰り返していたといいます。その丁寧さにあるとき、介護者がこう言いました。

「そうですよね、ありがとうを言うことは大事ですよね」

そうすると、女性はこう言って泣き出したというのです。

「違う。ありがとうを言いたいんじゃない。（身体が自由であれば、本当は）ありがとうを言ってもらいたいんです」

誰かの役に立つことによって、人は大きな喜びを手に入れることができる。人の役に立てることこそ、生きる上での最大の喜びなのではないか。私はそう思うに至りました。

このことに気づけている人は、仕事に大きな醍醐味を得ます。なぜなら、あらゆる仕事が人の役に立つことで成り立っているからです。誰かの役に立っているのです。

仕事にやりがいを持っている人は、その構図に気づいています。誰のため、なのかをわかっています。逆にこれがわかっていない人は、仕事がつまらないものになります。本当は誰かの役に立っているのに、です。

どんな仕事でも、小さな仕事でも、人の役に立っているのです。フリーランスになったばかりの私が、必ずしもやりたいことをやっていたわけでもないのに頑張れたのは、誰かの役に立っている実感があったからです。失業からなし崩し的にフリーランスになり、余計なことを考えずに済んだことで、人の役に立てる喜びを自然に実感できたのだと思います。

そして、なぜ自分が努力、成長しないといけないのかもわかりました。努力、成長して大きな仕事ができるようになれば、それだけ多くの人の役に立てるからです。広く大きく人の役に立てれば、それだけ自身の喜びは大きくなります。

こうしたことに気づけば、必要なことが見えてきます。ラクでおいしい仕事を求めることではありません。自分をより成長させるところに身を置くことです。より難しい仕事にチャレンジすること。より大きな仕事に挑むことです。世の中の立派な起業家や成功者たちがそうであるように。そしてこの気づきは、間違いなく人生を変えてくれます。成長は、人を幸せにするのです。

45

「まじめ」は最大の武器

フリーランスになってからもしばらく、私は会社員時代同様の仕事をしていました。そのひとつが、求人広告のコピーライティングでした。いろいろな会社が、いろいろな人材を募集していました。その広告にふさわしい文面を考えていくのです。

たくさんの広告を作りましたが、私が最も気に入っているキャッチコピーがあります。フリーランスになって2年目か、3年目か。結局、ボツになってしまったのですが、今も忘れられない一行です。

「まじめに生きてきて、いいこと、ありましたか?」

大手損害保険会社による、損害保険代理店の募集広告でした。社員の募集ではなく、3年間、契約社員として研修をし、それを経て代理店として独立できる、という代理店研修生の募集でした。

契約社員の期間中も、それなりの給料が出ます。ただし、甘い世界ではありません。

損害保険は、例えば1年おきの更新がある自動車保険などの手数料が収入になります。この期間中、顧客を積み上げておかないと独立後のベースができないのです。

逆にコツコツと契約を獲得していき、それを更新してもらえば、着実に手数料は積み上がっていきます。生命保険のように、一度の契約で大きな手数料を得るのではなく、小さな手数料をとにかく積み上げて大きな売り上げにしていく、という事業でした。

地味な仕事です。ところが、この仕事で大きな成功を手にしている人がたくさんいました。ある程度の契約のベースを持っていれば、大きく収入が下がることはありません。既存の顧客のフォローをしつつ、コツコツと新規の契約を積み上げていけば、どんどん手数料収入は上がっていくのです。

どうやって、この仕事の魅力を表現するか、さまざまな切り口で広告を作りましたが、そのひとつが、「まじめに生きてきて、いいこと、ありましたか?」でした。まさに、まじめな人にこそ、合っていると思ったから。まじめに生きている人こそ、いい思いをしてほしかったから。まじめな人に、きっといい思いができる仕事だと思ったから。

まじめに生きていても、いいことなんてない。損するだけなんじゃないか。そんなふうに思っている人もいるかもしれませんが、そうではないことを知ってほしかった。

そして同時に、私自身が会社員時代から肝に銘じていたことに気づいたのでした。それが、仕事に対しての「まじめ」さだったのです。

振り返れば、父がとにかくまじめな人でした。その背中を見て、私は育ちました。まじめさは、私の取り柄のひとつだったのかもしれません。だから、会社員時代も、フリーランスになってからも、すべての仕事にまじめに向き合ってきました。

どうして26年間もフリーランスとしてやっていけたのか。不遇だった会社員時代からは想像もできないような収入を手にできたのか。まったく無名のコピーライターがやがて自分の本を出すという、自分自身が想像もし得なかったような未来に連れてきてもらえたのか。

その理由こそ、「まじめ」だったのだと思っています。とにかくまじめに仕事に向き合う。仕事をいただけたことに感謝する。約束を守る、時間を守る、締め切りを守る。やりたいことやら未来やら、余計なことを考えず、目の前の仕事をとにかく一生懸命やる。どうすれば、もっとたくさんの依頼を受けられるのかを真剣に考える。そのための方法を考え、仕組みを考える。

一緒に仕事をすることになった人の成功を願い、出会った人の幸せを祈る。そのために自分に何ができるのかを考え、実践する。自分のために仕事をするのではなく、相手のため、誰かのために仕事をする。

自分にラクをさせない。飢餓感と緊張感を得るために、手に入ったお金はどんどん使う。分不相応に暮らし、それも学びにする。

ズルは考えない。正しいことをすることにこだわる。人にきちんと気を使う。先回りしてできることを考える。できるだけ人に迷惑をかけない。正直に生きる。挨拶をする。お礼を言う。誰にでも丁寧に接する。家族を大事にする。

私に武器があるのだとしたら、「まじめ」だったのだと思っています。何かを戦略的に考えたり、特別な営業手法を生み出したり、ラクして徹底的に稼げるメカニズムを作ったわけでもなんでもない。ただただひたすら、まじめに、仕事や人生に向き合ってきたのです。

その意味で、まじめな人には大きなチャンスがあると私は思っています。まじめこそ、フリーランスの大きな武器になるのです。

46 自分で勝手に「天井」を作らない

講演で自分の収入について語ると、こんな反応もあります。

「それは、上阪さんだからできたんでしょう」

本当は大きな印税が入るなどして、もっともっと稼いでいる同業の人もいると思うのですが、この仕事で長期にわたり、継続してこれだけ稼いでいる、というのはちょっと異質に映るようです。ただ、私はこれこそが、絶対にやってはいけない発想だと思っています。自分で勝手に「天井」を作ってしまっているからです。

ノミを使った実験の話を取材で聞いたことがあります。元気なノミは20センチでも30センチでもピョンピョン跳びはねる。ところが、そのノミを高さ20センチの瓶の中に入れ、フタをするとどうなるか。ノミは何度も「天井」に頭をぶつけて、20センチ以上は跳ばなくなるのですが、それだけではありません。フタが外され、本当は30センチでも跳べるのに、もう20センチしか跳ばなくなる、というのです。

自分の中で勝手に「天井」を作ってしまうと、どうなるか。それを端的に表すエピソードだと思いました。

出版の仕事でこんなに稼ぐことができたのは、もしかするとシンプルな理由かもしれません。私自身が、まったく「天井」を作らなかったということです。それどころか、年間4000万円を稼いだときも、5000万円を稼いだときも、満足も納得もしませんでした。もっともっと稼げるはずだ、と思っていたのです。

そしてもうひとつ、理由があるとすれば、同業者との付き合いがほとんどない、ということかもしれません。これは、意図的にやってきたことでもあります。同業者で集まれば、どうしても同業ならではの相場観を作ってしまうからです。

これこれはこういうもの。あれってこう。これが常識。こういうときはこうすべき。こういう人はこうなる……。そもそも私はこうした「ぼんやりした取り決めのようなもの」がとにかく好きではありませんでした。だから、そういう話になりかねない場には、行かないようにしていたのです。

むしろ私が意識していたのは、まったく違う世界の人たちと交流することでした。取材で会う人たちやそこから広がったつながりもそうですし、学生時代の仲間たちもそう。

とても頑張っているし、とても努力している。私の知らない世界を知っているし、知らない楽しみ方を知っている。そういう人たち。

おかげで、業界の中に閉じこもっていたのでは、おそらく気づけなかったであろうことに、たくさん気づかせてもらえたのです。世の中の「天井」は、本当に高いということも含めて。

そして何より大きかったのは、大きな成功を遂げた人たちにたくさん取材できたことです。先にも少し書いていますが、そもそも彼らにとってはお金を稼ぐなどということは大したことではないのです。それは後からついてくるものでしかない。それよりも、大きな視点を持っています。

広く世の中を見て、よりよくするために何ができるのかを考えている。わかりやすい言葉でいえば、志です。どうやって世の役に立つかという志が途方もなく大きいのです。そういう人こそが、大きな成功をしていたのです。

経営者であれば、事業が大きくなり、優秀な人材が集まってくるかどうかは、まさにこの志の大きさによるのだと私は思うようになりました。

自分の収入を上げたい、お金持ちになりたい、大きな家に住みたい、といった自己中心的な夢を持っている人に、人はついていきません。そうではない大きな志がある人にこそ、多くの人はついていくのだと思うのです。そして大きな志のもとで事業を展開し、社会をよくすることができれば、自然に収入も増えていきます。

その意味で、フリーランスも持つべきは、大きな志だと思っています。自分の収入に「天井」を作っている場合ではありません。大きな志を持ち、それを果たすことができれば、しかるべき報酬は後からやってくる。

もっと自分の視点を上げること。何のために仕事をするのか。どう人の役に立つのか、どう世の中にプラスをもたらしていけるか。改めてそこからしっかりと考えてみることです。フリーランスとしてのビジョンを打ち立てるのです。

何を青臭い話を、と感じる人もいるかもしれません。でも、こういう青臭い話こそが、実は大事なのです。それを私は、多くの取材で学んだのです。

おわりに

華やかな活躍をしている人たちに、たくさんインタビューしてわかった意外なことがひとつあります。そうした華やかな世界、華やかな成功に憧れてそこに入った人は、実はほとんどいなかったのではないか、ということです。

ある音楽のアーティストに「どうして売れたんですか」と質問をすると、驚くような答えが返ってきたのを、今も覚えています。

「売れようと思わなかったからじゃないでしょうか」

際立った成功している人たちは、想像以上に余計なことは考えていない印象があります。あれやこれやと戦略的に考え、先行きを設計したりは意外なほどしていない。もっといえば、やりたいことではなく、やるべきことをやっているのです。

ある超大物タレントは、インタビューでこんなことを言っていました。

「神様に、お前もなんかせい、と言われて生まれてきたんだと思う。だったら、それを受け入れたらいい」

実は、生きているのではなくて、生かされているのではないか。自分が果たすべき役割があって、それを果たしていけばいいだけなのではないか。目の前に何かを差し出されたら、それをやっていけばいいのではないか……。

多くの成功者と言われる方々に取材をしていて、こんな印象を持ったのは、一度や二度ではありません。肩に力が入っていないのです。もちろん、やるべきことをやるためには徹底した努力もしなければいけないのですが、ごくごく自然体に生きている。そんな印象です。

もし仮に華やかな世界で名を上げなかったとしても、小さなささやかな世界できっと幸せになったに違いない。そんな人たちばかりだった気がするのです。

もともと私自身には、フリーランスになったときに、やりたいことも目標もなかったと何度も書いてきましたが、たくさんの成功者にインタビューしていく中で、それで良かったのだと自分ではっきり思えるようになりました。潔く運命を受け入れてしまったほうがいいほうに動き出す、ということです。

私自身の20代は、自分で運命をコントロールしようとして、悲惨な状況に陥っていました。しかし、すべてのエゴを投げ出し、まわりに身を委ねた瞬間から人生が大きく好転しました。信じられないような未来に運んでもらえたのです。

フリーランスとしてうまくやっていきたい。やりたいことをして生きていきたい。いい仕事をしていきたい……。もちろん本書をお読みの方々は、こんな思いをお持ちで本を手に取られたのだと思います。

ただ、一方でもっと肩の力を抜いて生きていく、という考え方があるということも、ぜひ知ってほしいと思っています。

先のことをあれやこれや気にするのではなく、今を大事にする。余計なことは考えず、目の前の仕事を懸命にやる。ないものではなく、あるものを意識する。できないことではなく、できることを考えてみる……。

もとより、世の中で「成功するにはこうすべし」と書かれたものをすべて完璧にこなしたとしても、成功が待っているわけではないと多くの人が気づいています。誰にも共通する「必ずうまくいく方法」などないのです。むしろ、そういうものを超えたところでこそ、人はチャンスを手に入れているのです。

人生は長いのです。ときどき講演でも「どうすれば結果を出せるのか」という質問を受けますが、どうしてそんなに急ぐのか、とよく尋ねています。すぐに結果を出すことが、必ずしもプラスであるとは限りません。

それこそ、若いうちに成功し、後に苦しい時代が続くことのほうが、ずっと大変かもしれません。目の前の苦しみが、後の大きな幸せにつながるかもしれません。長い人生、そんなに早く結論づけられたりはしないのです。

まずはじっくり地に足をつける。自分の中で大事なことを定めてみる。そこから拓けていく未来を楽しもうとする。そんな人生が、もっともっとあっていい。私はそう思っています。

最後になりましたが、本書の制作にあたっては、草思社の貞島一秀さん、フリーランス編集者の清水浩史さんにお世話になりました。この場を借りて御礼申し上げます。そして本書を書くことができたのは、私の26年間のフリーランス生活を応援してくださった、多くの皆様のおかげです。それなしに、本書は成立し得ませんでした。この場を借りて、改めて感謝申し上げます。

本書が少しでも多くの方のお役に立てますことを。

2021年5月

上阪徹

著者略歴――――
上阪徹 うえさか・とおる
1966年、兵庫県生まれ。早稲田大学商学部卒。アパレルメーカーのワールド、リクルート・グループなどを経て、94年よりフリーランス。経営、金融、ベンチャー、就職などをテーマに、書籍、雑誌、ウェブなどで幅広く執筆やインタビューを手がける。他の著者の本を取材して書き上げるブックライター作品は100冊以上。累計40万部のベストセラーとなった『プロ論。』(徳間書店)など、インタビュー集も多数。2014年より「上阪徹のブックライター塾」を開講している。著書に、『プロの時間術』『企画書は10分で書きなさい』(方丈社)、『メモ活』(学研プラス)、『10倍速く書ける超スピード文章術』(ダイヤモンド社)、『職業、ブックライター。』(講談社)、『成城石井 世界の果てまで、買い付けに。』(自由国民社)、『職業、挑戦者』(東洋経済新報社)、『JALの心づかい』(河出書房新社)など。

人の倍稼ぐフリーランス46の心得

2021年 6月 11日　第1刷発行

著　者　上阪　徹
デザイン　あざみ野図案室
発行者　藤田　博
発行所　株式会社 草思社
〒160-0022　東京都新宿区新宿1-10-1
電話　営業 03(4580)7676　編集 03(4580)7680

本文組版　鈴木知哉
印刷所　中央精版印刷株式会社
製本所　株式会社坂田製本

ISBN978-4-7942-2524-5 Printed in Japan　検印省略